KB154675

다니엘 학습 플래너

DANIEL

STUDY PLANNER

매일 아침 다니엘 마음관리 시간을 이용하여 1시간 단위로
공부계획을 구체적으로 세울 수 있는 플래너입니다.
다니엘 학습 플래너를 선택하는 순간
성적과 마음에 놀라운 변화가 생기기 시작합니다.

❋ 이름

❋ 생년월일

❋ 학교

❋ 집

❋ 휴대전화

❋ 전화

❋ 이메일

❋ 홈페이지/블로그

❋ 기타

다니엘 아침형 학습법이란?

다니엘 아침형 학습법이란 일종의 자기 주도형 학습법입니다. 매일 아침 마음관리 시간을 통해, 하기 싫고 힘든 공부를 그럼에도 불구하고 왜 해야 하는지에 대하여 자신의 상황에 맞는 구체적인 동기부여를 해 줍니다. 공부에 대한 선명한 동기를 찾은 다음 한 시간 단위의 정교한 아침 학습 계획에 들어갑니다. 저녁 때 피곤한 상태에서 하는 5시간의 학습보다 아침에 머리가 맑을 때 하는 1시간의 학습이 훨씬 더 효과적입니다. 머리가 맑은 아침 시간을 최대한 활용하여 공부의 효율성을 최대한 높여 공부하는 방법이 바로 다니엘 아침형 학습법입니다.

다니엘 아침형 7단계 학습법을 모두 마스터한다면 여러분은 이제 이전과 다른 새로운 사람이 될 것입니다. 여러분의 좌절된 꿈과 비전이 회복되어 이전보다 더 멀리 더 높이 미래를 향해 나아갈 수 있을 것입니다. 21세기 진정한 리더로 거듭나게 될 것입니다. 힘을 내서 시작해 보십시오. 늦었다고 포기하면 나의 꿈과 비전을 다시 회복할 가능성은 0%입니다. 늦었지만 지금이라도 시작하면 가능성은 무한합니다. 힘을 내어 다시 한 번 도전해 보십시오.

아직 포기할 때가 아닙니다. 이 플래너를 통해 여러분도 변화될 수 있습니다.

2013 CALENDAR

01 JAN	02 FEB	03 MAR	04 APR
1 2 3 4 5	1 2	1 2	1 2 3 4 5 6
6 7 8 9 10 11 12	3 4 5 6 7 8 9	3 4 5 6 7 8 9	7 8 9 10 11 12 13
13 14 15 16 17 18 19	10 11 12 13 14 15 16	10 11 12 13 14 15 16	14 15 16 17 18 19 20
20 21 22 23 24 25 26	17 18 19 20 21 22 23	17 18 19 20 21 22 23	21 22 23 24 25 26 27
27 28 29 30 31	24 25 26 27 28	24 31 25 26 27 28 29 30	28 29 30

05 MAY	06 JUN	07 JUL	08 AUG
1 2 3 4	1	1 2 3 4 5 6	1 2 3
5 6 7 8 9 10 11	2 3 4 5 6 7 8	7 8 9 10 11 12 13	4 5 6 7 8 9 10
12 13 14 15 16 17 18	9 10 11 12 13 14 15	14 15 16 17 18 19 20	11 12 13 14 15 16 17
19 20 21 22 23 24 25	16 17 18 19 20 21 22	21 22 23 24 25 26 27	18 19 20 21 22 23 24
26 27 28 29 30 31	23 30 24 25 26 27 28 29	28 29 30 31	25 26 27 28 29 30 31

09 SEP	10 OCT	11 NOV	12 DEC
1 2 3 4 5 6 7	1 2 3 4 5	1 2	1 2 3 4 5 6 7
8 9 10 11 12 13 14	6 7 8 9 10 11 12	3 4 5 6 7 8 9	8 9 10 11 12 13 14
15 16 17 18 19 20 21	13 14 15 16 17 18 19	10 11 12 13 14 15 16	15 16 17 18 19 20 21
22 23 24 25 26 27 28	20 21 22 23 24 25 26	17 18 19 20 21 22 23	22 23 24 25 26 27 28
29 30	27 28 29 30 31	24 25 26 27 28 29 30	29 30 31

2014 CALENDAR

01 JAN	02 FEB	03 MAR	04 APR
1 2 3 4	1	1	1 2 3 4 5
5 6 7 8 9 10 11	2 3 4 5 6 7 8	2 3 4 5 6 7 8	6 7 8 9 10 11 12
12 13 14 15 16 17 18	9 10 11 12 13 14 15	9 10 11 12 13 14 15	13 14 15 16 17 18 19
19 20 21 22 23 24 25	16 17 18 19 20 21 22	16 17 18 19 20 21 22	20 21 22 23 24 25 26
26 27 28 29 30 31	23 24 25 26 27 28	23 30 24 31 25 26 27 28 29	27 28 29 30

05 MAY	06 JUN	07 JUL	08 AUG
1 2 3	1 2 3 4 5 6 7	1 2 3 4 5	1 2
4 5 6 7 8 9 10	8 9 10 11 12 13 14	6 7 8 9 10 11 12	3 4 5 6 7 8 9
11 12 13 14 15 16 17	15 16 17 18 19 20 21	13 14 15 16 17 18 19	10 11 12 13 14 15 16
18 19 20 21 22 23 24	22 23 24 25 26 27 28	20 21 22 23 24 25 26	17 18 19 20 21 22 23
25 26 27 28 29 30 31	29 30	27 28 29 30 31	24 31 25 26 27 28 29 30

09 SEP	10 OCT	11 NOV	12 DEC
1 2 3 4 5 6	1 2 3 4	1	1 2 3 4 5 6
7 8 9 10 11 12 13	5 6 7 8 9 10 11	2 3 4 5 6 7 8	7 8 9 10 11 12 13
14 15 16 17 18 19 20	12 13 14 15 16 17 18	9 10 11 12 13 14 15	14 15 16 17 18 19 20
21 22 23 24 25 26 27	19 20 21 22 23 24 25	16 17 18 19 20 21 22	21 22 23 24 25 26 27
28 29 30	26 27 28 29 30 31	23 30 24 25 26 27 28 29	28 29 30 31

01 JAN	02 FEB	03 MAR	04 APR
1 2 3	1 2 3 4 5 6 7	1 2 3 4 5 6 7	1 2 3 4
4 5 6 7 8 9 10	8 9 10 11 12 13 14	8 9 10 11 12 13 14	5 6 7 8 9 10 11
11 12 13 14 15 16 17	15 16 17 18 19 20 21	15 16 17 18 19 20 21	12 13 14 15 16 17 18
18 19 20 21 22 23 24	22 23 24 25 26 27 28	22 23 24 25 26 27 28	19 20 21 22 23 24 25
25 26 27 28 29 30 31		29 30 31	26 27 28 29 30

05 MAY	06 JUN	07 JUL	08 AUG
1 2	1 2 3 4 5 6	1 2 3 4	1
3 4 5 6 7 8 9	7 8 9 10 11 12 13	5 6 7 8 9 10 11	2 3 4 5 6 7 8
10 11 12 13 14 15 16	14 15 16 17 18 19 20	12 13 14 15 16 17 18	9 10 11 12 13 14 15
17 18 19 20 21 22 23	21 22 23 24 25 26 27	19 20 21 22 23 24 25	16 17 18 19 20 21 22
$^{24}_{31}$ 25 26 27 28 29 30	28 29 30	26 27 28 29 30 31	$^{23}_{30}$ $^{24}_{31}$ 25 26 27 28 29

09 SEP	10 OCT	11 NOV	12 DEC
1 2 3 4 5	1 2 3	1 2 3 4 5 6 7	1 2 3 4 5
6 7 8 9 10 11 12	4 5 6 7 8 9 10	8 9 10 11 12 13 14	6 7 8 9 10 11 12
13 14 15 16 17 18 19	11 12 13 14 15 16 17	15 16 17 18 19 20 21	13 14 15 16 17 18 19
20 21 22 23 24 25 26	18 19 20 21 22 23 24	22 23 24 25 26 27 28	20 21 22 23 24 25 26
27 28 29 30	25 26 27 28 29 30 31	29 30	27 28 29 30 31

01 JAN	02 FEB	03 MAR	04 APR
1 2	1 2 3 4 5 6	1 2 3 4 5	1 2
3 4 5 6 7 8 9	7 8 9 10 11 12 13	6 7 8 9 10 11 12	3 4 5 6 7 8 9
10 11 12 13 14 15 16	14 15 16 17 18 19 20	13 14 15 16 17 18 19	10 11 12 13 14 15 16
17 18 19 20 21 22 23	21 22 23 24 25 26 27	20 21 22 23 24 25 26	17 18 19 20 21 22 23
$^{24}_{31}$ 25 26 27 28 29 30	28 29	27 28 29 30 31	24 25 26 27 28 29 30

05 MAY	06 JUN	07 JUL	08 AUG
1 2 3 4 5 6 7	1 2 3 4	1 2	1 2 3 4 5 6
8 9 10 11 12 13 14	5 6 7 8 9 10 11	3 4 5 6 7 8 9	7 8 9 10 11 12 13
15 16 17 18 19 20 21	12 13 14 15 16 17 18	10 11 12 13 14 15 16	14 15 16 17 18 19 20
22 23 24 25 26 27 28	19 20 21 22 23 24 25	17 18 19 20 21 22 23	21 22 23 24 25 26 27
29 30 31	26 27 28 29 30	$^{24}_{31}$ 25 26 27 28 29 30	28 29 30 31

09 SEP	10 OCT	11 NOV	12 DEC
1 2 3	1	1 2 3 4 5	1 2 3
4 5 6 7 8 9 10	2 3 4 5 6 7 8	6 7 8 9 10 11 12	4 5 6 7 8 9 10
11 12 13 14 15 16 17	9 10 11 12 13 14 15	13 14 15 16 17 18 19	11 12 13 14 15 16 17
18 19 20 21 22 23 24	16 17 18 19 20 21 22	20 21 22 23 24 25 26	18 19 20 21 22 23 24
25 26 27 28 29 30	$^{23}_{30}$ $^{24}_{31}$ 25 26 27 28 29	27 28 29 30	25 26 27 28 29 30 31

 수업 시간표

학기

교시	월	화	수	목	금	토

❈ 기타 활동

....
....
....
....
....

학기

교시	월	화	수	목	금	토

✼ 기타 활동

다니엘 아침형 학습법의 7가지 장점

1 공부에 대한 중압감과 스트레스를 극복할 수 있습니다.

2 공부에 대한 최고 집중력을 발휘할 수 있습니다.

3 규칙적인 생활로 몸이 건강해집니다.

4 매일 아침 〈다니엘 마음관리 365일〉을 통해 마음의 양식을 먹고 마음을 관리하기에 마음의 병이 회복됩니다.

5 아침 공부의 효과로 성적이 향상됩니다.

6 오전 수업시간에 졸지 않고 최고의 학습 분위기로 하루 수업을 받을 수 있습니다.

7 높은 성취감으로 자신감을 회복하고 공부에 대해 새롭게 뜻을 정할 수 있습니다.

다니엘 아침형 공부 습관 만들기 7단계

다니엘 아침형 공부법은 총 7단계로 나누어집니다. 하루 아침에 마스터하려면 오히려 도중에 포기하기 쉽습니다. 단계별로 충분한 시간을 두고 조금씩 습관화하는 것이 좋습니다. 자기 관리가 아주 탁월한 학생은 49일 완성이 가능합니다. 보통 학생의 경우는 2~3개월 정도 걸립니다. 자기 관리 능력이 많이 부족한 학생의 경우는 3개월 이상이 걸립니다. 끝까지 포기하지 말고 1단계부터 차근차근 실천해 보세요.

▶ 각 단계는 7일 단위로 이루어지며, 7일 중 5일 이상 성공했다면 다음 단계로, 5일 이상 실천하지 못했다면 이전 단계부터 다시 시작합니다.

다니엘 아침 공부는 아침이 아니라 저녁에 시작됩니다.

다니엘 아침형
학습 1단계

7일간*

새로운 시작을 다짐하는 단계, 첫 시작인 만큼 욕심부리지 말고
1단계를 충실히 하는 데에 집중하시기 바랍니다.
- -
5분 스트레칭, 15분 마음관리,
평소 등교 준비 시간보다 20분 일찍 일어나기

√ 평소 취침시간보다 20분 일찍 자고 20분 일찍 일어나기

√ 5분 스트레칭–실내든 실외든 본인이 편한 곳에서 스트레칭하기**

√ 15분 마음관리

⇨ 5분간 소리 내어 그날에 해당하는 〈다니엘 마음관리 365일〉 읽기

⇨ 5분간 내용요약, 주제문, 느낀 점 쓰고 자기에게 적용하기. 마음 청소하기(기도 및 명상).

⇨ 5분간 하루 공부계획 세우기
   다니엘 학습 플래너에 1시간 단위로 공부계획 세우기→ 익숙해지면 30분 단위로
   학교 가기 전●학교에서●학교가 끝난 다음 자기 전까지 공부계획 세우기

* 49일 완성 훈련기간으로 예를 든 것입니다. 시간이 더 필요한 경우, 자신의 상황에 따라
  완성할 수 있다고 생각되는 기간을 목표로 잡고 그에 맞게 훈련 일수를 조정하여 한 단계
  씩 마스터하면 됩니다.

** 다니엘 학습 플래너에 나온 기본 스트레칭을 토대로 아침 스트레칭을 합니다. 이 스트레칭
  이 익숙해진 다음 좀 더 다양한 스트레칭을 하기를 원하는 학생은 〈다니엘 건강관리법〉을
  참고하면 많은 도움을 받을 수 있습니다.

아침 공부를 실제로 시작해 보는 단계

5분 스트레칭, 15분 마음관리 시간, 10분 영어 단어숙어
소리 내어 외우기, 등교 준비 시간 30분 전에 일어나기

√ **평소 취침시간보다 30분 일찍 자고 30분 일찍 일어나기**

√ **5분 스트레칭**

√ **15분 마음관리**

⇨ 5분간 소리 내어 그날에 해당하는 〈다니엘 마음관리 365일〉 읽기

⇨ 5분간 내용요약, 주제문, 느낀 점 쓰고 자기에게 적용하기. 마음 청소하기(기도
및 명상).

⇨ 5분간 하루 공부계획 세우기(1단계 방법 적용)

√ **10분간 소리 내어 영어 읽기**

영어를 소리 내어 읽을 때 교재는 학교 교과서도 좋고 자신이 공부하는 독
해집도 좋습니다. 본인이 소리 내어 읽을 수 있는 영어 교재를 선택하여 읽
으면 됩니다.

다니엘 아침형 학습 3단계

다니엘 아침형 학습의 진수를 조금씩 배우는 단계

5분 스트레칭, 15분 마음관리, 30분 수학 문제집 풀기
등교 준비 시간 50분 전에 일어나기

√ 평소 취침시간보다 50분 일찍 자고 50분 일찍 일어나기

√ 5분 스트레칭

√ 15분 마음관리

⇨ 5분간 소리 내어 그날에 해당하는 〈다니엘 마음관리 365일〉 읽기
⇨ 5분간 내용요약, 주제문, 느낀 점 쓰고 자기에게 적용하기. 마음 청소하기(기도 및 명상).
⇨ 5분간 하루 공부계획 세우기(1단계 방법 적용)

√ 30분간 수학 문제집 풀기

쉬운 문제집(교과서, 교과서와 비슷한 난이도)을 택해 30분 동안 편안한 마음으로 풉니다.

※ 대학생의 경우, 영어 공부나 전공 공부를 합니다.

다니엘 아침형 학습 1/3 지점 통과

생활습관이 본격적으로 바뀌는 단계

5분 스트레칭, 15분 마음관리 시간, 45분 수학 문제집 풀기
본격적으로 **꿈의 노트** 활용하기, 등교 준비 시간 1시간 5분 전에 일어나기

√ 평소 취침시간보다 1시간 5분 일찍 자고 1시간 5분 일찍 일어나기

√ 5분 스트레칭

√ 15분 마음관리

⇨ 5분간 소리 내어 그날에 해당하는 〈다니엘 마음관리 365일〉 읽기

⇨ 5분간 내용요약, 주제문, 느낀 점 쓰고 자기에게 적용하기. 마음 청소하기(기도 및 명상).

⇨ 5분간 하루 공부계획 세우기(1단계 방법 적용)

√ 45분간 수학 문제집 풀기

┌─ 하위권 : 복습 위주로 공부하면서 별표 문제*는 자습서, 친구, 선생님을 통해 바로바로 확인하여 내용을 확실히 파악해 둡니다.

├─ 중위권 : 교과서 수준의 문제집 & 교과서보다 좀 더 어려운 문제집을 선택하여 배운 부분 가운데 틀린 문제와 별표한 문제를 다시 풀어 봅니다. 교과서로 미리미리 예습해 둡니다.

└─ 상위권 : 평소 풀던 문제집에서 어려운 문제를 골라 집중 공략합니다.

---

* 별표 문제란 수학 교과서 혹은 문제집을 풀면서 3번 이상
생각을 다시 해 보아도 잘 이해되지 않고 풀리지 않는 문제를 말합니다.

다니엘 아침형
학습 5단계

본격적인 5시 클럽 가입 단계

5분 스트레칭, 15분 마음관리, 60분간 수학 문제집 풀기
등교 준비 시간 1시간 20분 전에 일어나기

√ 평소 취침시간보다 1시간 20분 일찍 자고 1시간 20분 일찍 일어나기

√ 5분 스트레칭

√ 15분 마음관리

⇨ 5분간 소리 내어 그날에 해당하는 〈다니엘 마음관리 365일〉 읽기
⇨ 5분간 내용요약, 주제문, 느낀 점 쓰고 자기에게 적용하기. 마음 청소하기(기도 및 명상).
⇨ 5분간 하루 공부계획 세우기(1단계 방법 적용)

√ 60분간 수학 문제집 풀기

▶▶ 60분간 수학 공부가 가능하다면

하위권 : 30분 복습, 30분 예습(교과서 중심으로)

중위권 : 25분 수학 문제집 가운데 어려워서 포기했던 문제 공략

　　　　35분 교과서보다 약간 어려운 문제집으로 예습

상위권 : 35분 어려운 문제들 공략

　　　　25분 교과서보다 약간 어려운 문제들로 예습

▶▶ 60분간 수학 공부가 힘들다면

하위권 : 예습 대신 복습한 부분에서 어려운 문제 집중 공략

중위권&상위권 : 중간에 3분 스트레칭 5분 영어 읽기를 한 후 다시 수학 공부

다니엘 아침형
학습 6단계

자부심과 자신감을 가져도 되는 단계
- -
5분 스트레칭, 15분 마음관리, 75분 수학 문제집 풀기
등교 준비 시간 1시간 35분 전에 일어나기

√ **평소 취침시간보다 1시간 35분 일찍 자고 1시간 35분 일찍 일어나기**

√ **5분 스트레칭**

√ **15분 마음관리**

⇨ 5분간 소리 내어 그날에 해당하는 〈다니엘 마음관리 365일〉 읽기

⇨ 5분간 내용요약, 주제문, 느낀 점 쓰고 자기에게 적용하기. 마음 청소하기(기도 및 명상).

⇨ 5분간 하루 공부계획 세우기(1단계 방법 적용)

√ **75분간 수학 문제집 풀기**

▸▸ **75분간 수학 공부가 가능하다면**

┌ 하위권 : 35분 공부(수학 교과서 복습), 5분 휴식 및 스트레칭, 35분 공부(이해 안 된 문제에 집중)

├ 중위권 : 35분 공부(이해 못한 문제 집중 공략), 5분 휴식, 35분 공부(예습하기)

└ 상위권 : 35분 공부(예습 위주), 5분 휴식, 35분 공부(별표 문제 집중 노력)

　　　　 or 40분 공부, 5분 휴식, 30분 공부

▸▸ **75분간 수학 공부가 힘들다면**

수학 공부를 하다가 중간에 5~15분간 소리 내어 영어를 읽습니다. 그런 다음 다시 수학 공부를 계속합니다. 그래도 수학 공부 하기가 힘들면 잠시 마음관리 시간을 갖고 기도와 명상 등으로 마음을 가다듬습니다.

다니엘 아침형
학습 7단계

꿈을 현실로 만드는 드림 팩토리의 핵심단계
- -
5분 스트레칭, 15분 마음관리, 100분 수학 문제집 풀기
등교 준비 시간 2시간 전에 일어나기

√ 평소 취침시간보다 2시간 일찍 자고 2시간 일찍 일어나기

√ 5분 스트레칭

√ 15분 마음관리

⇨ 5분간 소리 내어 그날에 해당하는 〈다니엘 마음관리 365일〉 읽기

⇨ 5분간 내용요약, 주제문, 느낀 점 쓰고 자기에게 적용하기. 마음 청소하기(기도 및 명상).

⇨ 5분간 하루 공부계획 세우기(1단계 방법 적용)

√ 100분간 수학 문제집 풀기

- 하위권 : 30분 공부(수업내용 복습), 5분 휴식, 30분 공부(복습한 부분 가운데 어려운 문제 공략), 5분 휴식, 30분 공부(예습)

  or 50분 공부, 10분 휴식, 40분 공부

- 중위권 : 45분 예습(교과서&약간 어려운 문제집), 10분 휴식, 45분 공부(별표 문제 심도있게 공부)

- 상위권 : 45분 공부(약점 보강), 10분 휴식, 40분 예습(교과서&자습서&중급 이상 의 문제집)

  or 40분 공부, 10분 휴식, 50분 공부

다니엘 아침형 학습 최종 완성!

※ 다니엘 아침형 학습에 대한 더 자세한 내용, 구체적 know-how가 궁금하신 분은 〈다니엘 아침형 학습법〉 책을 참조하시기 바랍니다.

초보자를 위한 샘플 계획표

(현재 다니엘 아침형 공부법을 실천하고 있는 친구들의 계획표를 참고하여
나만의 계획표를 만들어 보세요.)

1 먼저 자신의 수면시간을 확인합니다. 초등학생의 경우 8시간 이내로, 중고
등 학생 그 이상은 6시간 정도의 수면시간을 확보합니다. 무리하게 잠을 줄
이는 것보다는 깨어 있는 시간에 집중하는 것이 중요합니다.

2 다니엘 아침형 학습법은 억지로 잠을 줄이는 것이 아니라 일찍 자고 일찍
일어나는 것이 중요합니다. 잠을 늦게 자고 아침 일찍 일어나는 것이 아님
을 꼭 기억하세요.

다니엘 아침형 학습법 계획

3단계(현재)	4단계	5단계	6단계	7단계
05시 50분기상	05시 35분기상	05시 20분기상	05시 05분기상	04시 40분기상

시간별 공부 계획

05:50	기상
05:50~06:40	다니엘 아침형 학습
06:40~07:30	등교준비
07:30~07:50	등교
07:50~08:40	아침자습(영어듣기&자습-영어단어 외우기)
08:50~17:30	학교 정규 수업(16:40~17:30-보충수업)
17:40~21:00	야간자율학습(18:30~19:15-저녁시간)
21:00~21:30	하교
21:30~22:00	씻고 휴식
22:00~23:00	야자시간에 다 못한 공부계획 다 끝내기
23:00~23:10	준비, 취침

건강관리 계획

√ 학교 걸어다니기
√ 매일 훌라후프 하기
√ 스트레칭 매일 하기
√ 줄넘기&배드민턴 하기

05:30~06:30	일어나서 샤워하고 옷입고 머리 빗고 마음관리 하기
06:30~07:40	수학공부하기(1시간 10분)
07:40~08:15	아침먹기
08:15~15:00	학교생활
15:00~16:00	책가방 싸기, 학교 숙제하기
16:00~17:00	영어 듣기 및 놀기(30분)
17:00~19:30	영어학원
19:30~20:00	국어문제집 또는 인터넷 강의 듣기(1시간)
20:00~21:00	영어공부 하기(1시간)
21:00~22:00	영어공부 및 취미활동 하기(30분공부)
22:30	잠 자기

05:00~05:30	마음 관리
05:30~07:30	수학 (선행학습)
07:30~08:00	씻기, 밥먹고 학교 출발
08:30~09:00	독서
09:00~15:00	학교 수업 열심히!!!! (중간 13시~13시20분 마음관리)
16:00~16:30	간식 먹고 휴식
16:30~18:00	영문법
18:00~19:00	독해, 영숙어 암기
19:00~20:00	수학 8학년 과정
20:00~20:30	저녁식사
20:30~21:00	마음관리
21:00~22:30	국어 문제집
22:00~23:00	씻고 독서 후 취침

*시험 3주 전부터 암기과목 시작
토요일, 일요일 국어 중심(평일 영,수)

중학교 1학년 **박주형**

현재 다니엘 아침형 학습법 7단계
_(다니엘 아침형 학습법을 시작한 지 4개월 정도 되었음)

05:00	기상
05:00 ~ 05:20	마음 관리
05:20 ~ 07:00	수학 공부
15:10 ~ 15:40	하교
15:40 ~ 16:40	자유시간 30분, 독서 30분
16:50 ~ 17:40	영어 공부
17:50 ~ 18:40	국어 공부
18:50 ~ 19:40	영어 공부
19:40 ~ 20:10	저녁 식사
20:10 ~ 20:40	독서
20:40 ~ 21:30	수학 공부
21:30 ~ 22:30	모자란 과목 공부
22:30 ~ 22:50	잘 준비

고등학교 3학년 **김정수**

_다니엘 아침형 학습법을 시작한 지 5개월 되었음

오전	
05:00	일어나기
05:00 ~ 05:20	마음관리
05:20 ~ 07:00	수학 공부
07:00 ~ 07:30	씻기, 밥먹기 등
학교 – 쉴 때나 자습 때는 수학, 영단어	
16:00 ~ 16:30	간식 먹고 휴식
16:30 ~ 17:00	하교
17:00 ~ 17:30	신문 보면서 쉬기
17:30 ~ 18:00	저녁식사
18:00 ~ 19:00	작문, 독서공부
19:00 ~ 19:10	휴식
19:10 ~ 20:30	영어 및 듣기
20:30 ~ 22:00	과학인강 / 복습
22:00 ~ 23:00	영단어 및 암기과목
23:00 ~ 23:20	잘 준비
23:20	취침

05:00	기상
05:00~05:20	다니엘 마음관리
05:20~07:30	영어 공부(듣기 30분, 단어숙어 30분, 문법 30분, 독해 30분)
07:30~08:00	아침 및 학교 갈 준비
08:00~09:00	학교 이동(이동시 단어숙어 암기 혹은 오늘 수강 과목 예습)
09:00~17:00	학교 수업(공강이거나 휴강시 영어 공부 또는 전공 공부 또는 독서)
12:00~13:00 또는 13:00~14:00	점심시간(30분 식사, 20분 산책, 10분 점심 마음관리)
17:00~18:00	집으로 이동(이동시 오늘 공부한 노트 한번 살펴보기)
18:00~19:40	헬스(월, 수, 금 헬스 / 화, 목-학교숙제)
19:40~20:00	집으로 이동
20:00~21:00	저녁 식사(30분 식사, 15분 신문, 15분 저녁 마음관리)
22:00~23:00	자유시간-독서 및 인터넷 혹은 TV 시청, 필요에 따라서는 공부할 수도 있음
23:00	취침

• 건강계획표

이민정

일단 아침에 스트레칭을 하고 학교에서 쉬는 시간 혹은 점심시간에 꾸준한 스트레칭을 해요. (계속 앉아 있으면 뼈가 안 좋은지 배겨요.)

또 체육시간에는 활발하게 엄청난 활동을 하고 자기 전에도 스트레칭이랑 누워서 허공 자전거도 타 줘야 되구요.

휴식시간도 대부분 줄넘기 같은 걸로 보내고 놀토인 경우에는 시간이 남으니까 가족들 이랑 같이 산에 가거나 운동하러 돌아다니는 편이라서 충분히 운동할 수 있구요.

이렇게만 해 주면 몸 안 피곤할 거 같아요. 여! 식습관도 고쳐야죠.

군것질 줄이고 식탁을 조금만 조금만이라도 더 푸르게 물들여 보구요. (야채를 많이 먹 자는 얘기^^*) 되도록이면 인스턴트 음식도 안 먹도록 노력해 볼게요.

신지은

☆★ 이 달의 건강관리 계획표 ☆★

√ 매일 매일 스트레칭 꾸준히 하기

√ 공부하는 자세 바르게 하기

√ 매일 저녁 줄넘기 500번 하기

√ 시간 날 때마다 걸어다니기

√ 음식은 골고루 먹고 과식 하지 않기

√ 신선한 야채 많이 먹기

월간계획 작성 Tip

실행 체크	우선 순위	내용
V	1	수학 문제집 1권
	7	교양서적 2권
V	3	영어학원 등록
	6	내 방 청소
V	4	써클방 정리
V	2	피아노 연습
	5	동수랑 영화보기
	❸	❷

❹

월	
	1
7	8
	써클파
14	15
21	22
28	29

❶ 약속이나 마감기한 혹은 개인적 이벤트를 잘 기록해 둡니다.
❷ 이번 달에 달성할 목표를 적습니다.

수	목	금	토	일
	3	4	5	6
	10	11 모의고사	12	13
	17	18	19 체육대회	20
생일	24	25	26 국어과제	27
	31			

❸ 각각의 목표에 대해서 우선순위를 부여합니다.
❹ 목표를 달성할 때마다 완료 표시를 합니다.

주간계획 작성 Tip

● '다니엘 주간계획' 활용 방법

다니엘 주간계획(2009년 1월 1일~1월 7일)

지난주 돌아보기 ❶	이번주 핵심체크 ❷
게임 많이 했음 기상시간 못 지킴 예습은 잘 했음	중간고사 영수 준비 아침에 꼭 5시에 일어나기 게임 금지

주간 공부(핵심)목표 ❸

영어 단어장 ~100p 완료 수학 문제집 2단원까지 국어 참고서 3단원까지	사탐 기출문제 풀기 중간고사 완벽 대비

내 삶의 지도 ① "나는 언제 열정을 느끼는가?" ❹

· 축구할 때
· 바이올린 연주할 때
· 친구들 앞에서 멋지게 발표할 때
· 노래방에서 좋아하는 노래 부를 때
· 도서관에서 추리소설 볼 때
· 신문에서 경제면 볼 때
· 싸우는 친구들 화해시킬 때
· 일본어 배울 때
· 외국인과 직접 대화할 때

❶ 지난 주를 돌아보면서 반성할 점을 적습니다.(3~4가지의 중요한 점만 기록합니다.)
❷ 이번 주의 중요한 목표를 적습니다.
❸ 주간 공부계획을 과목별로 적습니다.(구체적인 목표를 기록합니다.)
❹ 일주일에 한 가지씩 자신의 진로에 대한 탐색을 합니다.(매주 다른 주제로 자신을 탐색합니다.)
* 주간계획은 언제, 어떻게 하는 게 좋을까요?
　- 토요일 저녁이나 혹은 일요일 저녁이 가장 좋습니다.
　- 30분 정도만 투자하세요.
　- 휴대전화와 컴퓨터를 끄고 혼자만의 시간을 마련하세요.

• '다니엘 주간체크' 활용 방법

다니엘 주간체크(2009년 1월 1일~ 1월 7일)

시간관리	월	화	수	목	금	토	일
❶ 자유시간	5	4	3	4	5	7	
❷ 공부계획	3	2	2	2	3	5	
❸ 실제공부	2	2	0	0	2	3	
❹ 성취도	△	○	X				
마음관리	월	화	수	목	금	토	일
❺ 마음관리365일	V		V		V		
논어		V		V			
공부관리	월	화	수	목	금	토	일
❻ 영단어	V		V		V		
수학문제	V		V	V			
사회탐구			V				
국어		V		V			
영어듣기	V				V		
건강관리	월	화	수	목	금	토	일
❼ 스트레칭		V	V	V			
❽ 아침식사	V			V	V		
5시 기상	V	V		V			

❶ 요일별로 자신이 선택할 수 있는 자유시간을 적어 봅니다.(시간단위로 기록합니다.)
❷ 자유시간 중 공부할 시간을 스스로 결정해 봅니다.
❸ 매일 실제로 내가 몇 시간 공부했는지 기록합니다.
❹ 계획에 따라 얼마나 공부했는지 자기 성취도를 체크해 봅니다.(○, △, x 혹은 수, 우, 미, 양, 가 등으로 표시)
❺ 일주일간 마음관리한 것을 체크합니다.(마음관리를 한 날은 V 자 등으로 표시)
❻ 공부계획에서 실천한 것을 체크합니다.(V 자, 혹은 ○, △, x 등으로 표시)
❼ 스트레칭을 했는지 체크합니다.
❽ 일주일간 아침식사를 몇 번 했는지 체크해 보세요.(실행한 날은 V 자 등으로 표시)

일일계획 작성 Tip

2009 년 **3** 월 **5** 일 목요일

① ─ 오늘의 마음관리

- 주제 **아침 포기할 때가 아니다**
- 내용 **작가 프로스트 이야기**

② ─ 오늘의 건강관리

- **10분 스트레칭 하기**
- **비타민 먹기**

③ ─ 약속&과제

- **영어수행평가 (19일까지)**
-

오늘의 목표

실행 체크	우선 순위	내 용
⑥ V	1	수학문제집 ~50P ④
⑤	6	〈오만과 편견〉 읽기
V	3	초별 과제 하기
	4	영어단어 50개
V	2	과학 인강
V	5	동생 숙제 도와주기

오늘의 활동

⑦ ─ 주변살피기&봉사활동 **쓰레기 줍기**

⑧ ─ 용돈 관리 **도서 구입비 만 원**

- 기타

시간별 계획 ─⑨

시간	계획
03:00	
04:00	
05:00	일어나기, 스트레칭 및 마음관리
06:00	수학공부
07:00	씻기, 밥먹기
08:00	
09:00	
10:00	
11:00	
12:00	학교공부 열심히
13:00	
14:00	
15:00	
16:00	하교
17:00	신문 보며 쉬기
18:00	작문, 독서 공부
19:00	휴식
20:00	영어 듣기
21:00	과학인강/복습
22:00	영단어 및 암기과목
23:00	잘 준비/취침
24:00	
01:00	
02:00	

❶ 마음관리로 하루를 시작합니다. 좋아하는 책의 글귀나 〈다니엘 마음관리 365일〉에서 그날의 내용을 읽고, 마음가짐이나 태도를 가다듬을 수 있는 시간으로 활용합니다.

❷ 컨디션이 좋아야 모든 일에 집중도가 높아지고 하는 일이 즐겁습니다. 영양제 섭취나 스트레칭 등 건강을 지킬 수 있는 방법을 기록합니다.

❸ 학교에서 새롭게 받은 과제와 하루의 약속을 기록합니다.

❹ 오늘 꼭 해야겠다고 결심한 목표를 적습니다.

❺ 오늘 목표 가운데 중요한 일 순서로 숫자를 적어 넣어 우선순위를 한눈에 알 수 있도록 표시합니다.

❻ 오늘 목표 가운데 실행한 일에 체크합니다. 실행했는지를 체크함으로써 성취감을 느낄 수 있고 다음 계획을 확인할 수 있습니다.

❼ 오늘 하루 친구나 가족, 다른 사람들에게 상처를 주지는 않았는지 얼마나 배려했는지 생각해 봅니다. 꼭 글로 적지 않아도 좋습니다. 함께 어울려 사는 사람들을 먼저 아끼고 보듬는 따뜻한 생각 한 번이면 충분합니다.

❽ 경제관념은 매일의 습관으로 만들어집니다. 하루 용돈을 어떻게 쓰는지 잘 기록해 두었다가 소비 습관을 점검합니다.

❾ 하루 동안의 계획을 시간별로 작성할 수 있는 시간표입니다. 휴식 시간이나 마음관리, 건강관리 등도 함께 기록하여 좀 더 효과적인 공부계획을 세웁니다.

중간고사, 기말고사 고득점을 위한 특별 전략 지침

초 · 중 · 고 - 7주 계획, 4주 계획, 2주 계획, 1주 계획

- **7주 계획** – 시험 보기 7주 전부터 시험공부를 시작한다.

  1-4주 국, 영, 수 시험 범위를 자습서로 미리 공부한다.

  5-6주 하루에 2시간은 국, 영, 수 공부에 쓰고 나머지 대략 4시간 정도는 암기 과목 공부에 쓴다.(너무 많은 학원을 다닐 경우 스스로 공부할 시간이 적어 시험공부에 소홀할 수 있다는 것을 염두에 두고 스스로 공부하는 시간을 최대한 잘 확보하면서 학교 시험 준비를 하도록 한다.)
  하루 한 시간은 매일 수학을 하고 나머지 한 시간을 2주간 하루는 영어, 하루는 국어를 번갈아 공부한다.
  암기과목은 이틀에 한 과목 정도를 끝내는 것으로 한다. 대략 2주 동안 6, 7과목을 끝낼 수 있다.

  7주 시험 보기 일주일 전이다.
  하루 한 시간은 매일 수학 공부를 하고 나머지 한 시간을 하루는 영어, 하루는 국어 번갈아 하며 일주일 동안 국, 영, 수 마무리를 한다.
  하루 4시간 정도 암기과목을 다시 한 번 내용을 정리하며 약한 부분들을 집중적으로 다시 확인, 마무리한다.

- **4주 계획** – 시험 보기 4주 전부터 공부를 시작한다.

  1-2주 2주 동안(위의 1-4주와 동일한 방법으로 공부한다.)

  3-4주 2주 동안(위의 5-6주와 동일한 방법으로 공부한다.)

- **2주 계획** – 시험 시작 2주 전부터 공부를 시작한 학생들을 위한 전략

  1주 국, 영, 수를 집중적으로 공부한다. 가급적 일주일 동안 시험 범위를 끝내도록 한다.

  2주 암기과목을 4시간 정도 하되 암기과목 중 자신이 가장 약한 과목부터 시작하여 끝내도록 한다. 특히 당일치기가 불가능한 암기과목은 이때 꼭 하도록 한다. 하루 두 시간은 국, 영, 수 과목 중 아직 부족하고 끝내지 못한 과목에 좀 더 시간을 배분하여 공부하도록 한다.

- **1주 계획** – 시험 시작 일주일 전에 정신을 차려 시험공부를 시작하려는 학생들을 위한 전략

  일주일 동안 국, 영, 수 위주로 공부하면서 당일치기 불가능한 과목과 제일 자신 없는 암기과목을 공부한다. 하루 4시간은 국, 영, 수 위주로 공부하고 하루 두 시간은 암기과목 공부시간으로 배정하도록 한다.

대학생

대학생의 경우 리포트와 필기시험, 두 가지 방식으로 시험이 치러진다.

리포트의 경우

시간에 쫓겨 대충 쓰게 되면 좋은 점수를 받기 어렵다. 남들이 쓴 리포트를 짜깁기해서 낼 경우 역시 좋은 점수를 받기 어렵다. 리포트는 과제를 받는 즉시 매일 한 시간 정도 시간을 내어 조금씩 준비해 두는 것이 좋다. 리포트는 한 과목의 과제가 아니라 여러 과목에서 여러 리포트를 써야 하는 경우가 보통이기에 미리미리 준비하는 것이 가장 현명하다.

필기시험의 경우

우선 수업시간에 최대한 집중하여 내용을 충분히 이해하는 것이 중요하다. 암기가 필요한 내용은 쉬는 시간, 공강 시간, 이동 시간을 이용해 암기하는 것이 좋다. 필기시험은 적어도 한두 번 반복해서 공부하며 내용을 좀 더 심화학습할 필요가 있다. 필요에 따라 예상문제를 만들어 답을 만들어 보는 것도 매우 효과적인 공부방법이 된다.

다니엘 아침형 학습의 성공을 위한 8가지 Tip

❶ 반신욕을 적극 활용하여 마음의 편안함을 찾고 숙면을 취한다.

① 물의 온도는 따뜻한 정도인 38~41℃로 한다.

② 입욕 전 물이나 음료수를 1~2컵 섭취함으로써 수분 보충을 한다.

③ 욕조에 들어가기 전 먼저 발에서부터 점점 위로 따뜻한 물을 부어 갑작스런
    혈압 상승을 막는다.

④ 명치 부분 아래까지만 몸을 담근다.

⑤ 최소 10분에서 30분까지만 하는 것이 좋다.

⑥ 상체에 한기가 느껴질 경우 수건으로 상체를 덮는다.

⑦ 목욕 후 긴 바지를 입고 양말을 신어 하반신의 따뜻한 체온을 유지하고 상의
    는 반팔을 입어 서늘하게 한다.

⑧ 반신욕 후에도 물을 1컵 정도 마셔 수분 공급을 한다.

 * 반신욕 후에는 반드시 체온 유지에 힘써 감기에 걸리지 않도록 유의한다.

❷ 휴대전화, 홈오토메이션 등 첨단문명을 활용한다.

❸ 가족, 친구들과 함께 시작한다.

❹ 물을 자주 마신다(하루 8잔).

❺ 때에 맞는 옷차림으로 충분한 휴식을 취하고 긴장감을 갖고 공부에 임
   할 수 있도록 한다.

❻ 휴식 시간에는 눈과 머리가 쉴 수 있도록 음악을 듣는 것이 좋다.

❼ 집중이 안 되고 졸리고 피곤할 때는 스트레칭으로 머리와 몸을 깨운다.

❽ 초급 단계에서는 점심시간을 이용해 잠을 보충하면 좋다.

나의 자서전

❶ 내가 가진 꿈과 비전을 깊이 생각해 보기.

❷ 내가 왜 공부를 해야 하는가에 대한 선명한 동기를 찾아보기.

❸ 꿈과 비전을 찾은 다음 그것을 어떻게 현실로 이루어 나갈지에 대해 구체적으로 계획하기.

❹ 구체적으로 계획한 내용은 반드시 글로 적기.(글로 적은 구체적인 목표와 계획은 나태해지거나 장애물을 만났을 때 그것을 잘 대처해 나갈 표지판 역할을 합니다.)

❺ 구체적인 목표를 이루기 위해 이달의 목표, 이번 주의 목표, 매일 해야 할 구체적인 목표 작성하기.(구체적인 목표 설정을 통해 한 달, 한 주, 하루의 소중함을 깨닫고 하나님이 주신 소중한 재능을 부지런히 일깨우고 훈련하게 됩니다.)

나의 자서전을 미리 써 보면서
미래의 꿈과 계획을 구체적으로 생각하고
왜 공부를 해야 하는지에 대한
선명한 동기를 찾아보세요.

●미리 쓰는 나의 자서전●

내 얼굴 그리기

✳ 꿈과 비전

✳ 나의 사명

✳ 우리 가족 이야기

✳ 하고 있는 일

수면 · 기상 · 휴식 시간 건강관리

1 수면과 기상

수면시간은 사람마다 차이가 있지만 적정한 수면시간은 6~8시간을 권장합니다. 밤 10시~2시 사이는 두뇌의 피로회복이 이루어지고 성장호르몬 같은 신체의 모든 호르몬들이 왕성하게 활동하는 시간입니다. 이 시간에는 잠을 자야 호르몬의 모든 좋은 작용을 도울 수 있습니다. 하루 중 몸의 건강을 위한 가장 중요한 휴식 시간이라고 할 수 있습니다.

새벽 4시 이후는 몸의 생체리듬을 다시 깨우기 좋은 시간입니다. 먼저 폐의 활동을 시작으로 두뇌, 대장, 위장의 순으로 신체가 맑아지기 시작합니다. 일어나서는 가장 먼저 폐의 활동을 위해 호흡법을 하는 것이 좋고 그후 마음과 신경의 안정을 위해 다니엘 마음관리 시간을 권장합니다.

일어나서 머리가 맑아지기까지는 약 2시간이 걸리며, 그로 인해 가장 머리가 맑은 시간은 새벽 6시부터로 그때가 가장 공부하기 좋은 시간으로 알려져 있습니다. 음식의 소화 작용이 좋은 시간대는 7시~9시로 이 시간에는 아침식사를 꼭 챙겨 먹는 게 좋습니다.

2 식사

하루 식사 중 가장 중요한 것은 아침식사입니다. 아침식사의 중요성은 아무리 강조해도 지나치지 않을 정도로 절대적으로 지켜야 할 습관입니다. 대부분의 청소년들은 아침시간 활용을 제대로 하고 있지 못하기에 시간에 쫓기다 보면 아침식사를 거르고 학교에 가는 경우가 허다합니다. 아침식사를 챙겨 먹지 않으면 신체의 움직임을 위한 에너지 공급이 늦어지기 때문에 몸의 전체적인 신진대사가 활발하게 이뤄질 때까지 많은 시간이 소요되고, 뇌로 가는 공급원이 없기 때문에 그만큼 더 두뇌활동이 정상으로 빨리 회복되지 않습니다. 또한 오랫동안 불규칙적인 식사를 할 경우 소화기관에 장애가 생겨 소화불량, 장염 등의 질환이 발생합니다. 아침, 점심, 저녁의 식사량은 아침 35%, 점심 40%, 저녁 25% 정도로 배분해야 하며, 그만큼 아침식사와 점심식사는 든든하게, 저녁식사는 간단하게 먹는 것을 권합니다.

❸ 휴식 시간을 활용한 스트레칭

가. 시험기간 집중을 위한 호흡법

❶ 눈을 감고 허리를 편 상태로 편안하게 앉는다.
❷ 고개를 숙여 턱을 가슴 쪽으로 최대한 내려 몸에 붙인다.
❸ 오른손 검지와 중지를 구부리고, 엄지와 약지, 새끼손가락은 편다.
❹ 엄지손가락은 오른쪽 콧구멍 가까이, 약지와 새끼손가락은 왼쪽 콧구멍 가까이 가져간다.
❺ 약지와 새끼손가락으로 왼쪽 콧구멍을 막은 후, 오른쪽 콧구멍으로 천천히 깊게 숨을 들이마신다.
❻ 가슴과 어깨가 많이 벌어지도록 폐에 공기를 가득 채운다.
❼ 오른쪽 콧구멍을 막고 턱으로 가슴을 누르며 5초간 멈춘다.
❽ 서서히 왼쪽 콧구멍을 열면서 숨을 내쉰다.
❾ 매번 들이마실 때는 오른쪽 콧구멍으로, 내쉴 때는 왼쪽 콧구멍으로 한다.
❿ 호흡법은 코로만 행한다.
⓫ 10~15회 반복.
*주의 : 심장 질환이나 고혈압이 있는 경우에는 숨을 멈추는 것을 생략하고 바로 숨을 내쉰다.

나. 정신을 맑게 하는 머리 지압법

❶ 손에 공을 살며시 쥐듯 손가락을 구부린다.
❷ 머리를 다섯 손가락 끝으로 톡톡 두드린다. 이때 손목의 스냅을 이용한다.
❸ 머리의 구석구석을 1분 정도 천천히 두드린다.
❹ 그 다음 머리를 손가락으로 지그시 누른다.
❺ 뒤통수 밑의 머리뼈까지 꼼꼼히 1분간 누른다.

다. 눈의 피로를 풀어 주는 마사지

❶ 두 손바닥을 서로 맞대고 빠르고 세게 손바닥이 뜨거워질 때까지 문지른다.
❷ 눈을 감고 뜨거워진 손바닥을 눈꺼풀 위에 가만히 댄다.
❸ 20초 유지, 5회 반복.

라. 여러 가지 스트레스와 시험으로 인해 마음이 불안하고 우울할 때

❶ 양다리를 책상다리 하고 허리를 곧게 펴고 앉는다.
❷ 양손으로 눈을 지그시 누르되 엄지는 귓구멍에, 검지와 중지는 눈꺼풀에, 약지는 양
   콧구멍 옆에, 새끼손가락은 윗입술에 살며시 갖다 댄다.
❸ 이때 팔꿈치는 어깨 높이까지 들어야 한다.
❹ 호흡에 귀를 기울이며 자연스러운 호흡으로 가능한 한 그 상태를 오래 유지한다.

4 수업시간 중 피곤하거나 졸려서 집중이 안 될 때 하는 스트레칭

❶ 허리와 등은 곧게 편다.
❷ 양손은 등 뒤로 깍지를 낀다.
❸ 머리를 뒤로 젖히면서 깍지 낀 손을 위로 올린다.
❹ 10초 유지, 3회 반복.

＊〈다니엘 건강관리법〉에 더 자세하고 구체적인 스트레칭법이 나와 있습니다.
   참조하세요.

꿈의 노트

(수업시간 혹은 저녁 공부 시간에 잘 풀리지 않던 수학 문제들을
효과적으로 풀고 나의 것으로 만들기 위한 특별한 방법)

다니엘 아침형 공부 4단계부터는 꼭 꿈의 노트를 활용해 보세요.

❶ 우선 마음에 드는 노트 한 권을 골라서 제목을 붙입니다. "꿈의 노트"

❷ 노트 한 장을 넘겨 맨 위에 날짜를 적고 잘 이해되지 않은 문제를 노트
에 씁니다.

❸ 답안지에 있는 풀이과정을 문제 밑에 잘 적습니다.

❹ 빨간 색 펜으로 답안지에 나온 풀이과정 중에서 어느 부분이 잘 이해되
지 않는지 밑줄을 칩니다.

❺ 왜 그 부분이 이해가 잘 되지 않는지 풀이과정 밑에 씁니다.

  (만약 기초가 부족하여 이해가 잘 되지 않는다면 30분 동안 집중적으로 기초
  를 다시 만들면 됩니다. 가령 그 부분을 잘 이해하기 위해 한 학년 혹은 두 학
  년 전의 내용을 다시 살펴보아야 한다면 그렇게 하세요.)

❻ 수학에서 잘 모르는 문제를 내가 잘 아는 문제로 만드는 것은 자신의 꿈
을 실현시켜 주는 중요한 과정입니다. 꿈의 노트를 만들어 모르는 문제
와 정면 승부하세요.(물론 모르는 것을 알기 위해서 아래 학년 자습서와 문
제집을 다시 뒤적이고 다시 풀어야 할 수도 있습니다. 어떻게 보면 좀 창피할
수도 있지만 사실 창피한 일이 아닙니다. 모르는 것을 그냥 내버려 두고 지나
가는 것이 창피한 일이지 모르는 것을 알기 위해 정직하게 자신의 부족함을 인
정하고 노력하는 것은 창피한 일이 아니기 때문입니다.)

♪ 필요한 경우 각자 꿈의 노트를 따로 마련하여 효과적으로 활용하세요.

독서 노트

책의 내용에 대한 요약과 책을 읽으면서 느낀 점들을 편안한 마음으로 적어 봅니다. 책을 읽고 독후감을 써 보는 것은 책에 대해서 깊이 생각할 시간을 주고 책에서 읽은 내용을 자신의 것으로 만들 수 있는 아주 귀중한 시간입니다. 아무리 바빠도 책만 읽는 것으로 그치지 말고 꼭 독서 일기를 활용하길 부탁합니다.

√ 나의 독서 목표량

· 연간 :

· 월간 :

· 주간 :

√ 내가 읽어야 할 책 목록 (www.ilovehope.net 참고)

♪ 필요한 경우 각자 독서 노트를 따로 마련하여 활용해 보세요.
  원고지 모양의 노트를 사용하면 더욱 좋습니다.

연간 스케줄 yearly

year

year

	1월	2월	3월	4월	5월	
1						
2						
3						
4						
5						
6						
7						
8						
9						
10						
11						
12						
13						
14						
15						
16						
17						
18						
19						
20						
21						
22						
23						
24						
25						
26						
27						
28						
29						
30						
31						

	8월	9월	10월	11월	12월	
						1
						2
						3
						4
						5
						6
						7
						8
						9
						10
						11
						12
						13
						14
						15
						16
						17
						18
						19
						20
						21
						22
						23
						24
						25
						26
						27
						28
						29
						30
						31

다니엘 장기계획

플래너를 쓰면서 해야겠다고 결심되는 일이나 아이디어 등을 생각나는 대로 즉시 적어
두었다가 언제든지 시간이 날 때 실행할 수 있도록 마련한 체크 페이지입니다. 앞으로
해야 하는 일이나, 꼭 하고 싶은 일, 계획한 일을 실제로 했는지 여부를 체크합니다.

목록	V	목록	V

월간 스케줄 monthly

●이달의 뜻 정하기

실행 체크	우선 순위	내 용	월	화	수

목	금	토	일

●이달의 뜻 정하기

실행 체크	우선 순위	내 용	월	화	수

목	금	토	일

( ) month

● 이달의 뜻 정하기

실행 체크	우선 순위	내 용	월	화	수

●이달의 실천 목표

목	금	토	일

month

● 이달의 뜻 정하기

실행 체크	우선 순위	내 용	월	화	수

목	금	토	일

● 이달의 뜻 정하기

실행 체크	우선 순위	내 용	월	화	수

목	금	토	일

month

●이달의 뜻 정하기

실행 체크	우선 순위	내 용	월	화	수

● 이달의 실천 목표

목	금	토	일

（ 　　　 ）month

● 이달의 뜻 정하기

실행 체크	우선 순위	내 용	월	화	수

● 이달의 실천 목표

목	금	토	일

month

● 이달의 뜻 정하기

실행 체크	우선 순위	내 용	월	화	수

목	금	토	일

( ) month

● 이달의 뜻 정하기

실행 체크	우선 순위	내 용	월	화	수

●이달의 실천 목표

목	금	토	일

●이달의 뜻 정하기

실행 체크	우선 순위	내 용	월	화	수

목	금	토	일

month

● 이달의 뜻 정하기

실행 체크	우선 순위	내 용	월	화	수

●이달의 실천 목표

목	금	토	일

( ) month

● 이달의 뜻 정하기

실행 체크	우선 순위	내 용	월	화	수

목	금	토	일

시련은 우리를 온전하게 만든다

찰스 코우만 여사는 애벌레가 나방이 되는 것을 1년 동안 관찰한 뒤 다음과 같은 얘기를 했습니다. "맨 처음 번데기에서 나방이 나오는 것을 관찰하게 되었을 때, 저는 작은 구멍으로 안간힘을 쓰면서 나오려고 하는 나방이 너무나 불쌍해서 가위로 구멍을 넓혀주었습니다. 그러나 큰 구멍으로 쉽게 빠져 나온 나방은 방구석을 기어 다닐 뿐 가엾게도 날지를 못했습니다. 너무 일찍, 그리고 너무 쉽게 번데기에서 나온 탓이었습니다."

사람들은 시련이 없는 삶을 동경하며, 시련이 없는 삶이야말로 축복받은 삶이라고 생각합니다. 그러나 시련이 없다면 우리는 온전한 인격을 갖출 수 없습니다.

사나운 폭풍우와 차가운 폭설이 단단한 상수리나무를 좀 더 깊이 땅속에 뿌리박게 하듯 현재의 고난과 시련과 시험은 오히려 흔들리기 쉬운 우리들의 마음을 가다듬게 하여 여러분들이 꿈과 희망을 향해 더욱 견고하게 뿌리내리게 하고 확고히 정착하게 할 수 있음을 꼭 기억하십시오. 다니엘 플래너는 인생의 시련과 시험을 보다 효과적으로 극복하는 데 여러분의 소중한 친구가 되길 소망합니다.

김동환

주간 / 일일 스케줄
weekly / daily

● 다니엘 주간계획(년 월 일~ 월 일)

지난주 돌아보기	이번주 핵심체크

주간 공부(핵심)목표

내 삶의 지도① "나는 무엇을 할 때 열정을 느끼는가?"

-
-
-
-
-
-
-

● 다니엘 주간체크(년 월 일~ 월 일)

시간관리	월	화	수	목	금	토	일
자유시간							
공부계획							
실제공부							
성취도							
마음관리	월	화	수	목	금	토	일
공부관리	월	화	수	목	금	토	일
건강관리	월	화	수	목	금	토	일
스트레칭							
아침식사							

_____ 년 _____ 월 _____ 일 월요일

시간별 계획

시간	
03:00	
04:00	
05:00	
06:00	
07:00	
08:00	
09:00	
10:00	
11:00	
12:00	
13:00	
14:00	
15:00	
16:00	
17:00	
18:00	
19:00	
20:00	
21:00	
22:00	
23:00	
24:00	
01:00	
02:00	

오늘의 마음관리

● 주제

● 내용

오늘의 건강관리

●

●

약속&과제

●

●

오늘의 목표

실행 체크	우선 순위	내 용

오늘의 활동

● 주변살피기&봉사활동

● 용돈 관리

● 기타

_____ 년 _____ 월 _____ 일 화요일

오늘의 마음관리

● 주제

● 내용

오늘의 건강관리

●

●

약속&과제

●

●

오늘의 목표

실행 체크	우선 순위	내 용

오늘의 활동

● 주변살피기&봉사활동

● 용돈 관리

● 기타

시간별 계획

03:00	
04:00	
05:00	
06:00	
07:00	
08:00	
09:00	
10:00	
11:00	
12:00	
13:00	
14:00	
15:00	
16:00	
17:00	
18:00	
19:00	
20:00	
21:00	
22:00	
23:00	
24:00	
01:00	
02:00	

_____ 년 ___ 월 ___ 일 수요일

오늘의 마음관리

● 주제
....
● 내용
....

오늘의 건강관리

●
....
●
....

약속&과제

●
....
●
....

오늘의 목표

실행 체크	우선 순위	내 용

오늘의 활동

● 주변살피기&봉사활동
....
● 용돈 관리
....
● 기타
....

시간별 계획

03:00	
04:00	
05:00	
06:00	
07:00	
08:00	
09:00	
10:00	
11:00	
12:00	
13:00	
14:00	
15:00	
16:00	
17:00	
18:00	
19:00	
20:00	
21:00	
22:00	
23:00	
24:00	
01:00	
02:00	

_____년 ___월 ___일 목요일

시간별 계획

03:00	
04:00	
05:00	
06:00	
07:00	
08:00	
09:00	
10:00	
11:00	
12:00	
13:00	
14:00	
15:00	
16:00	
17:00	
18:00	
19:00	
20:00	
21:00	
22:00	
23:00	
24:00	
01:00	
02:00	

오늘의 마음관리

● 주제

● 내용

오늘의 건강관리

●

●

약속&과제

●

●

오늘의 목표

실행 체크	우선 순위	내 용

오늘의 활동

● 주변살피기&봉사활동

● 용돈 관리

● 기타

_____ 년 ___ 월 ___ 일 금요일

오늘의 마음관리

● 주제

● 내용

오늘의 건강관리

●

●

약속&과제

●

●

오늘의 목표

실행 체크	우선 순위	내 용

오늘의 활동

● 주변살피기&봉사활동

● 용돈 관리

● 기타

시간별 계획

시각	
03:00	
04:00	
05:00	
06:00	
07:00	
08:00	
09:00	
10:00	
11:00	
12:00	
13:00	
14:00	
15:00	
16:00	
17:00	
18:00	
19:00	
20:00	
21:00	
22:00	
23:00	
24:00	
01:00	
02:00	

_____ 년 _____ 월 _____ 일 토요일

오늘의 마음관리

● 주제

● 내용

오늘의 건강관리

●

●

약속&과제

●

●

오늘의 목표

실행 체크	우선 순위	내 용

오늘의 활동

● 주변살피기&봉사활동

● 용돈 관리

● 기타

시간별 계획

03:00 —	
04:00 —	
05:00 —	
06:00 —	
07:00 —	
08:00 —	
09:00 —	
10:00 —	
11:00 —	
12:00 —	
13:00 —	
14:00 —	
15:00 —	
16:00 —	
17:00 —	
18:00 —	
19:00 —	
20:00 —	
21:00 —	
22:00 —	
23:00 —	
24:00 —	
01:00 —	
02:00 —	

_____ 년 _____ 월 _____ 일 일요일

시간별 계획

03:00	
04:00	
05:00	
06:00	
07:00	
08:00	
09:00	
10:00	
11:00	
12:00	
13:00	
14:00	
15:00	
16:00	
17:00	
18:00	
19:00	
20:00	
21:00	
22:00	
23:00	
24:00	
01:00	
02:00	

오늘의 마음관리

● 주제

● 내용

오늘의 건강관리

●

●

약속&과제

●

●

오늘의 목표

실행 체크	우선 순위	내 용

오늘의 활동

● 주변살피기&봉사활동

● 용돈 관리

● 기타

아직 포기할 때가 아니다

등단한 지 20년이 지나도록 로버트 프로스트(Robert L. Frost)는 문학과 관련해서는 실패자였습니다. 친구들과 이웃들, 그리고 출판업자들도 그를 실패자로 보았습니다. 그는 작품을 인정받고 또한 출판하기 위해 외롭고 힘겹게 싸웠습니다. 그러나 그에게는 결코 기회가 주어질 것 같지 않았습니다.

"나를 시인이라고 생각하는 사람은 나 말고는 아무도 없어."

그러나 이제 세상은 프로스트를 기리고 있으며, 그는 가장 위대한 미국 시인 가운데 한 사람으로 우뚝 서 있습니다. 그의 시집은 스물두 나라말로 번역되었고, 미국에서 출간된 시집은 100만 부 이상이나 팔렸습니다. 프로스트는 어떤 문학인보다도 호평을 받았고, 퓰리처상을 네 번이나 받았습니다.

첫 시집을 출판했을 때 그는 이미 39세였습니다. 20여 년의 세월 동안, 그의 글은 계속 퇴짜를 맞았습니다. 그러나 그는 글쓰기를 멈추지 않고 계속 써 냈죠. 끝내 그의 인내는 보답을 받았습니다. 오늘의 우리는 로버트 프로스트의 작품 덕분에 세상이 좀 더 지혜로워졌고, 풍요로워졌다고 말할 수 있습니다.

저명한 정신과 의사인 조지 크레인 박사는 최근 위대한 사람이 갖추어야 할 덕목을 발표했습니다. 그가 주목한 덕목들 가운데 몇 가지는 재능이나 책임감 등 우리가 예상할 수 있는 것들입니다. 그러나 의외로 그는 육체적인 인내 또한 필요하다고 말했습니다. 인생의 후반부까지 필생의 목표를 이루기 위해서는 무엇보다도 끈기가 필요하다는 이야기입니다.

인생이라는 긴 여정에서 우리를 절망에 빠뜨리는 것들은 대단한 것이 아닙니다. 우리가 목표에 도달하려 한다면, 먼저 인내라는 덕목을 갖추십시오. 그것은 충분히 그럴 만한 가치가 있으며, 결국 여러분은 그것으로 인하여 빛을 발할 것입니다.

인내심은 영혼의 영역에도 마찬가지로 적용됩니다. 여러분이 21세기 따뜻한 마음과 탁월한 실력을 겸비한 진정한 리더가 되기 위해서는 영혼의 오랜 참음이 반드시 필요합니다.

다니엘 학습 플래너를 사용하는, 사랑하는 귀한 여러분 끝까지 힘을 내세요. 20년간 실패를 참고 묵묵히 도전한 프로스트를 생각하면서 지금의 힘든 상황과 현실에 지지 마세요. 도중에 포기하지 마세요. 너무 힘들어 잠시 쉴 수는 있어도 포기는 안 됩니다. 오늘 하루 다시금 뜻을 정해 각오를 새롭게 해서 시작하시기를 간곡히 부탁드립니다.

● 느낀점

● 결단

●다니엘 주간계획(년 월 일 ~ 월 일)

지난주 돌아보기	이번주 핵심체크

주간 공부(핵심)목표

내 삶의 지도② **"20년 후 내 모습은?"**

-
-
-
-
-
-
-

● 다니엘 주간체크(년 월 일 ~ 월 일)

시간관리	월	화	수	목	금	토	일
자유시간							
공부계획							
실제공부							
성취도							
마음관리	월	화	수	목	금	토	일
공부관리	월	화	수	목	금	토	일
건강관리	월	화	수	목	금	토	일
스트레칭							
아침식사							

_____년 ___월 ___일 월요일

오늘의 마음관리

● 주제
....
● 내용
....

오늘의 건강관리

●
....
●
....

약속&과제

●
....
●
....

오늘의 목표

실행 체크	우선 순위	내 용

오늘의 활동

● 주변살피기&봉사활동
....
● 용돈 관리
....
● 기타
....

시간별 계획

03:00
04:00
05:00
06:00
07:00
08:00
09:00
10:00
11:00
12:00
13:00
14:00
15:00
16:00
17:00
18:00
19:00
20:00
21:00
22:00
23:00
24:00
01:00
02:00

_____ 년 ____ 월 ____ 일 화요일

오늘의 마음관리

● 주제

● 내용

오늘의 건강관리

●

●

약속&과제

●

●

오늘의 목표

실행 체크	우선 순위	내 용

오늘의 활동

● 주변살피기&봉사활동

● 용돈 관리

● 기타

시간별 계획

03:00	
04:00	
05:00	
06:00	
07:00	
08:00	
09:00	
10:00	
11:00	
12:00	
13:00	
14:00	
15:00	
16:00	
17:00	
18:00	
19:00	
20:00	
21:00	
22:00	
23:00	
24:00	
01:00	
02:00	

_____ 년 ___ 월 ___ 일 수요일

오늘의 마음관리

● 주제

● 내용

오늘의 건강관리

●

●

약속&과제

●

●

오늘의 목표

실행 체크	우선 순위	내 용

오늘의 활동

● 주변살피기&봉사활동

● 용돈 관리

● 기타

시간별 계획

시각	
03:00	
04:00	
05:00	
06:00	
07:00	
08:00	
09:00	
10:00	
11:00	
12:00	
13:00	
14:00	
15:00	
16:00	
17:00	
18:00	
19:00	
20:00	
21:00	
22:00	
23:00	
24:00	
01:00	
02:00	

_____ 년 _____ 월 _____ 일 목요일

오늘의 마음관리

● 주제

● 내용

오늘의 건강관리

●

●

약속&과제

●

●

오늘의 목표

실행 체크	우선 순위	내 용

오늘의 활동

● 주변살피기&봉사활동

● 용돈 관리

● 기타

시간별 계획

시간	
03:00	
04:00	
05:00	
06:00	
07:00	
08:00	
09:00	
10:00	
11:00	
12:00	
13:00	
14:00	
15:00	
16:00	
17:00	
18:00	
19:00	
20:00	
21:00	
22:00	
23:00	
24:00	
01:00	
02:00	

_____ 년 ___ 월 ___ 일 금요일

오늘의 마음관리

● 주제

● 내용

오늘의 건강관리

●

●

약속&과제

●

●

오늘의 목표

실행 체크	우선 순위	내 용

오늘의 활동

● 주변살피기&봉사활동

● 용돈 관리

● 기타

시간별 계획

| 03:00 |
| 04:00 |
| 05:00 |
| 06:00 |
| 07:00 |
| 08:00 |
| 09:00 |
| 10:00 |
| 11:00 |
| 12:00 |
| 13:00 |
| 14:00 |
| 15:00 |
| 16:00 |
| 17:00 |
| 18:00 |
| 19:00 |
| 20:00 |
| 21:00 |
| 22:00 |
| 23:00 |
| 24:00 |
| 01:00 |
| 02:00 |

_____ 년 _____ 월 _____ 일 토요일

오늘의 마음관리

● 주제

● 내용

오늘의 건강관리

●

●

약속&과제

●

●

오늘의 목표

실행 체크	우선 순위	내 용

오늘의 활동

● 주변살피기&봉사활동

● 용돈 관리

● 기타

시간별 계획

03:00	
04:00	
05:00	
06:00	
07:00	
08:00	
09:00	
10:00	
11:00	
12:00	
13:00	
14:00	
15:00	
16:00	
17:00	
18:00	
19:00	
20:00	
21:00	
22:00	
23:00	
24:00	
01:00	
02:00	

_____ 년 _____ 월 _____ 일 일요일

오늘의 마음관리

● 주제

● 내용

오늘의 건강관리

●

●

약속&과제

●

●

오늘의 목표

실행 체크	우선 순위	내 용

오늘의 활동

● 주변살피기&봉사활동

● 용돈 관리

● 기타

시간별 계획

03:00 —
04:00 —
05:00 —
06:00 —
07:00 —
08:00 —
09:00 —
10:00 —
11:00 —
12:00 —
13:00 —
14:00 —
15:00 —
16:00 —
17:00 —
18:00 —
19:00 —
20:00 —
21:00 —
22:00 —
23:00 —
24:00 —
01:00 —
02:00 —

성적 때문에 꿈을 포기하지 마세요 (고2 박이경)

고1 때까지 성적이 바닥까지 내려가 절망하고 있었어요. 절망 가운데 만나게 된 것이 '다니엘 아침형 학습법'이었어요. 다니엘 아침형 학습법을 하면서 좋아진 점은 긍정적인 태도로 바뀌었다는 거예요. 매번 부정적인 편이어서, 그래 난 이래서 할 수 없어, 라는 말을 항상 마음속에 담고 있었던 것 같아요. 하지만 다니엘 학습을 하고부터는 자신감이 붙어서인지 매번 할 수 있다, 라는 긍정적인 생각을 하게 돼요. 또 부정적인 생각에 사로잡혀서 엄마께 짜증을 자주 부려 문제가 많았는데, 이제는 엄마와 둘도 없는 친구처럼 지내요. 제겐 가장 든든한 조언자이기도 하고요. 제가 이만큼 변했다는 것을 느끼면 스스로도 깜짝 놀라요.

다니엘 학습을 시작하려고 하거나 이제 막 시작하신 분은 잠자는 시간 때문에 처음에는 엄두가 안 나실 것 같아요. 다니엘 학습을 하기 전엔 저 또한 올빼미 친구들과 비슷했습니다. 하지만 한 번에 일찍 일어나는 것이 아니라 차츰차츰 더 일찍 일어날 수 있도록 적응하는 단계가 있어서 편했어요. 또한 아침에 일어나서 마음관리를 하면 정말 마음에 중심이 잡히고 잠도 쉽게 깰 수 있었습니다. 무엇보다 마음관리 시간을 통해 평안을 얻게 되었어요. 다른 아이들에 비해 뒤처진 공부를 따라갈 수 있을까 불안한 마음에 사로잡혀 있었는데, 마음관리를 하면 마음이 평안해지고 불안한 마음 같은 것이 생겨나지를 않았어요.

다니엘 플래너를 쓰기 전에는 이거 해야지 저거 해야지 욕심만 앞서서 넘쳐나는 공부량을 감당할 수가 없었어요. 감당할 수가 없다 보니 포기도 하고 싶었죠. 하지만 플래너에는 1시간마다 공부할 양의 내용을 정확하게 측정할 수 있어서 좋아요. 그리고 공부만 하라는 것이 아니라 나의 운동량과 주변살피기와 봉사활동도 기록해서 좋아요. 마음속에 하루에 한 가지씩 착한 일을 하자고 결심하는 마음이 생겼어요. 또한 플래너를 통해 시간관념도 생기고 시간이 중요하다는 것을 깨닫게 되었습니다.

다니엘 아침형 학습을 시작한 지 이제 10개월이 되어 가네요. 저의 성적은 국, 영, 수 70점대에서 이제는 모두 90점대로 올라왔습니다. 너무 늦었다고 포기하고 싶었지만 다니엘 학습을 통해 새롭게 꿈을 향해 달려갈 수 있게 되었어요. 여러분들도 한번 꼭 실천해 보세요. 성적으로 포기한 꿈을 반드시 찾게 될 것이라고 확신합니다.

●느낀점

● 결단

●다니엘 주간계획(년   월   일~   월   일)

지난주 돌아보기	이번주 핵심체크

주간 공부(핵심)목표

내 삶의 지도③ **"나의 꿈의 목록"**

-
-
-
-
-
-
-

● 다니엘 주간체크(년 월 일 ~ 월 일)

시간관리	월	화	수	목	금	토	일
자유시간							
공부계획							
실제공부							
성취도							
마음관리	월	화	수	목	금	토	일
공부관리	월	화	수	목	금	토	일
건강관리	월	화	수	목	금	토	일
스트레칭							
아침식사							

_____ 년 _____ 월 _____ 일 월요일

오늘의 마음관리

● 주제

● 내용

오늘의 건강관리

●

●

약속&과제

●

●

오늘의 목표

실행 체크	우선 순위	내 용

오늘의 활동

● 주변살피기&봉사활동

● 용돈 관리

● 기타

시간별 계획

시간	
03:00	
04:00	
05:00	
06:00	
07:00	
08:00	
09:00	
10:00	
11:00	
12:00	
13:00	
14:00	
15:00	
16:00	
17:00	
18:00	
19:00	
20:00	
21:00	
22:00	
23:00	
24:00	
01:00	
02:00	

_____ 년 _____ 월 _____ 일 화요일

시간별 계획

시간	
03:00 —	
04:00 —	
05:00 —	
06:00 —	
07:00 —	
08:00 —	
09:00 —	
10:00 —	
11:00 —	
12:00 —	
13:00 —	
14:00 —	
15:00 —	
16:00 —	
17:00 —	
18:00 —	
19:00 —	
20:00 —	
21:00 —	
22:00 —	
23:00 —	
24:00 —	
01:00 —	
02:00 —	

오늘의 마음관리

● 주제

● 내용

오늘의 건강관리

●

●

약속&과제

●

●

오늘의 목표

실행 체크	우선 순위	내 용

오늘의 활동

● 주변살피기&봉사활동

● 용돈 관리

● 기타

_____ 년 _____ 월 _____ 일 수요일

오늘의 마음관리

● 주제
....

● 내용
....

오늘의 건강관리

●
....

●
....

약속&과제

●
....

●
....

오늘의 목표

실행 체크	우선 순위	내 용

오늘의 활동

● 주변살피기&봉사활동
....

● 용돈 관리
....

● 기타
....

시간별 계획

03:00 —
04:00 —
05:00 —
06:00 —
07:00 —
08:00 —
09:00 —
10:00 —
11:00 —
12:00 —
13:00 —
14:00 —
15:00 —
16:00 —
17:00 —
18:00 —
19:00 —
20:00 —
21:00 —
22:00 —
23:00 —
24:00 —
01:00 —
02:00 —

_____ 년 ___ 월 ___ 일 목요일

오늘의 마음관리

● 주제

● 내용

오늘의 건강관리

●

●

약속&과제

●

●

오늘의 목표

실행 체크	우선 순위	내 용

오늘의 활동

● 주변살피기&봉사활동

● 용돈 관리

● 기타

시간별 계획

시간	
03:00	
04:00	
05:00	
06:00	
07:00	
08:00	
09:00	
10:00	
11:00	
12:00	
13:00	
14:00	
15:00	
16:00	
17:00	
18:00	
19:00	
20:00	
21:00	
22:00	
23:00	
24:00	
01:00	
02:00	

_____ 년 ___ 월 ___ 일 금요일

오늘의 마음관리

● 주제

● 내용

오늘의 건강관리

●

●

약속&과제

●

●

오늘의 목표

실행 체크	우선 순위	내 용

오늘의 활동

● 주변살피기&봉사활동

● 용돈 관리

● 기타

시간별 계획

시간	
03:00	
04:00	
05:00	
06:00	
07:00	
08:00	
09:00	
10:00	
11:00	
12:00	
13:00	
14:00	
15:00	
16:00	
17:00	
18:00	
19:00	
20:00	
21:00	
22:00	
23:00	
24:00	
01:00	
02:00	

_____ 년 ____ 월 ____ 일 토요일

오늘의 마음관리

● 주제

● 내용

오늘의 건강관리

●

●

약속&과제

●

●

오늘의 목표

실행 체크	우선 순위	내 용

오늘의 활동

● 주변살피기&봉사활동

● 용돈 관리

● 기타

시간별 계획

시간	
03:00	
04:00	
05:00	
06:00	
07:00	
08:00	
09:00	
10:00	
11:00	
12:00	
13:00	
14:00	
15:00	
16:00	
17:00	
18:00	
19:00	
20:00	
21:00	
22:00	
23:00	
24:00	
01:00	
02:00	

_____ 년 _____ 월 _____ 일 일요일

오늘의 마음관리

● 주제

● 내용

오늘의 건강관리

●

●

약속&과제

●

●

오늘의 목표

실행 체크	우선 순위	내 용

오늘의 활동

● 주변살피기&봉사활동

● 용돈 관리

● 기타

시간별 계획

시간	
03:00	
04:00	
05:00	
06:00	
07:00	
08:00	
09:00	
10:00	
11:00	
12:00	
13:00	
14:00	
15:00	
16:00	
17:00	
18:00	
19:00	
20:00	
21:00	
22:00	
23:00	
24:00	
01:00	
02:00	

사랑이 필요합니다

어떤 사람이 광고를 써 붙였습니다.

'강아지 세일'

강아지를 보러 온 사람들 중에 한 소년이 있었습니다.

"저, 아저씨, 강아지가 너무 비싸지 않으면 저도 한 마리 사고 싶은데요."

소년은 말했습니다.

"글쎄다, 이 강아지들은 1만 원씩인데."

"저는 겨우 1,600원밖에 없는데, 구경만 해도 될까요?"

"그럼, 얼마든지 보렴. 누가 아니? 아저씨가 그 값에 줄지?"

아이는 다섯 마리의 복슬강아지들을 죽 훑어보더니, 말했습니다.

"제가 들으니까 이 중에 한 마리가 다리를 잘 못 쓴다고 하던데요."

"그래."

"바로 제가 갖고 싶어 하던 강아지예요. 그 강아지 값을 조금씩 갚아 나가면 안 될까요?"

"그렇지만 평생 다리를 절 텐데."

그 말을 들은 소년은 싱긋 웃으며 바지 한쪽을 걷어 올리더니 다리에 부착되어 있는 조임쇠를 보여 주었습니다.

"저도 잘 걷지 못해요."

소년은 그 강아지를 불쌍하다는 듯 쳐다보았습니다.

"저 강아지는 많은 사랑과 보살핌이 필요할 것 같아요. 저도 그랬거든요. 절름발이로 사는 것은 쉬운 일이 아니니까요."

"그래, 가지고 가거라. 너라면 이 강아지를 잘 보살필 수 있을 거다. 돈은 내지 않아도 된다."

사랑하는 귀한 여러분, 우리가 당하는 고난과 어려움을 통해 우리는 더 큰 사랑을 할 수 있는 사람으로 준비되고 있음을 늘 잊지 마시길 부탁드려요. 하루하루 공부한다는 것이 쉽지 않답니다. 그렇지만 참고 노력할 만한 충분한 가치가 있는 일입니다. 오늘 하루 나에게 주어진 귀한 시간 정말 아껴 쓰기를 간곡히 부탁드립니다.

● 느낀점

● 결단

● 다니엘 주간계획(년   월   일 ~   월   일)

지난주 돌아보기	이번주 핵심체크

주간 공부(핵심)목표

내 삶의 지도④ **"나의 강점은 무엇인가?"**

-
-
-
-
-
-
-

● 다니엘 주간체크(년 월 일~ 월 일)

시간관리	월	화	수	목	금	토	일
자유시간							
공부계획							
실제공부							
성취도							
마음관리	월	화	수	목	금	토	일
공부관리	월	화	수	목	금	토	일
건강관리	월	화	수	목	금	토	일
스트레칭							
아침식사							

_____년 _____월 _____일 월요일

시간별 계획

시간	
03:00	
04:00	
05:00	
06:00	
07:00	
08:00	
09:00	
10:00	
11:00	
12:00	
13:00	
14:00	
15:00	
16:00	
17:00	
18:00	
19:00	
20:00	
21:00	
22:00	
23:00	
24:00	
01:00	
02:00	

오늘의 마음관리

● 주제

● 내용

오늘의 건강관리

●

●

약속&과제

●

●

오늘의 목표

실행 체크	우선 순위	내 용

오늘의 활동

● 주변살피기&봉사활동

● 용돈 관리

● 기타

_____ 년 _____ 월 _____ 일 화요일

오늘의 마음관리

● 주제

● 내용

오늘의 건강관리

●

●

약속&과제

●

●

오늘의 목표

실행 체크	우선 순위	내 용

오늘의 활동

● 주변살피기&봉사활동

● 용돈 관리

● 기타

시간별 계획

시간	
03:00	
04:00	
05:00	
06:00	
07:00	
08:00	
09:00	
10:00	
11:00	
12:00	
13:00	
14:00	
15:00	
16:00	
17:00	
18:00	
19:00	
20:00	
21:00	
22:00	
23:00	
24:00	
01:00	
02:00	

_____ 년 ___ 월 ___ 일 수요일

오늘의 마음관리

● 주제

● 내용

오늘의 건강관리

●

●

약속&과제

●

●

오늘의 목표

실행 체크	우선 순위	내 용

오늘의 활동

● 주변살피기&봉사활동

● 용돈 관리

● 기타

시간별 계획

시간	
03:00	
04:00	
05:00	
06:00	
07:00	
08:00	
09:00	
10:00	
11:00	
12:00	
13:00	
14:00	
15:00	
16:00	
17:00	
18:00	
19:00	
20:00	
21:00	
22:00	
23:00	
24:00	
01:00	
02:00	

_____ 년 _____ 월 _____ 일 목요일

오늘의 마음관리

● 주제

● 내용

오늘의 건강관리

●

●

약속&과제

●

●

오늘의 목표

실행 체크	우선 순위	내 용

오늘의 활동

● 주변살피기&봉사활동

● 용돈 관리

● 기타

시간별 계획

시간	
03:00	
04:00	
05:00	
06:00	
07:00	
08:00	
09:00	
10:00	
11:00	
12:00	
13:00	
14:00	
15:00	
16:00	
17:00	
18:00	
19:00	
20:00	
21:00	
22:00	
23:00	
24:00	
01:00	
02:00	

_____ 년 ___ 월 ___ 일 금요일

오늘의 마음관리

● 주제
....
● 내용
....

오늘의 건강관리

●
....
●
....

약속&과제

●
....
●
....

오늘의 목표

실행 체크	우선 순위	내 용

오늘의 활동

● 주변살피기&봉사활동
....
● 용돈 관리
....
● 기타
....

시간별 계획

03:00 ━
04:00 ━
05:00 ━
06:00 ━
07:00 ━
08:00 ━
09:00 ━
10:00 ━
11:00 ━
12:00 ━
13:00 ━
14:00 ━
15:00 ━
16:00 ━
17:00 ━
18:00 ━
19:00 ━
20:00 ━
21:00 ━
22:00 ━
23:00 ━
24:00 ━
01:00 ━
02:00 ━

_____ 년 _____ 월 _____ 일 토요일

시간별 계획

오늘의 마음관리

● 주제

● 내용

오늘의 건강관리

●

●

약속&과제

●

●

오늘의 목표

실행 체크	우선 순위	내 용

오늘의 활동

● 주변살피기&봉사활동

● 용돈 관리

● 기타

시간	
03:00	
04:00	
05:00	
06:00	
07:00	
08:00	
09:00	
10:00	
11:00	
12:00	
13:00	
14:00	
15:00	
16:00	
17:00	
18:00	
19:00	
20:00	
21:00	
22:00	
23:00	
24:00	
01:00	
02:00	

_____ 년 ___ 월 ___ 일 일요일

오늘의 마음관리

● 주제

● 내용

오늘의 건강관리

●

●

약속&과제

●

●

오늘의 목표

실행 체크	우선 순위	내 용

오늘의 활동

● 주변살피기&봉사활동

● 용돈 관리

● 기타

시간별 계획

시간	
03:00	
04:00	
05:00	
06:00	
07:00	
08:00	
09:00	
10:00	
11:00	
12:00	
13:00	
14:00	
15:00	
16:00	
17:00	
18:00	
19:00	
20:00	
21:00	
22:00	
23:00	
24:00	
01:00	
02:00	

물 잘 마셔야 공부도 잘된다*

물을 잘 마시는 것은 대단히 중요하다. 물을 잘 마시는 것만으로도 많은 병을 예방할 수 있고 건강을 지킬 수도 있다! 수분은 몸의 신진대사를 활발하게 하며, 혈액과 림프액을 조절해 체온 유지와 면역 기능을 돕는 중요한 역할을 하고 있다. 또한 호흡과 땀, 소변 등으로 수분이 계속 배출되기 때문에 이를 보충하기 위해서 그만큼 더 섭취해 주어야 한다. 하루에 마셔야 하는 물의 권장 섭취량은 총 8잔 정도이며 마실 때는 아주 천천히, 조금씩 마시는 것이 좋다. 물도 꼭꼭 씹어 먹은 후 마시도록 한다.

* 〈다니엘 건강관리법〉 229쪽 참조

● 느낀점

● 결단

●다니엘 주간계획(년   월   일 ~   월   일)

지난주 돌아보기	이번주 핵심체크

주간 공부(핵심)목표

내 삶의 지도⑤ "나에게 가장 소중한 것은?"

-
-
-
-
-
-
-

●다니엘 주간체크(년   월   일 ~   월   일)

시간관리	월	화	수	목	금	토	일
자유시간							
공부계획							
실제공부							
성취도							
마음관리	월	화	수	목	금	토	일
공부관리	월	화	수	목	금	토	일
건강관리	월	화	수	목	금	토	일
스트레칭							
아침식사							

_____ 년 _____ 월 _____ 일 월요일

오늘의 마음관리

● 주제

● 내용

오늘의 건강관리

●

●

약속&과제

●

●

오늘의 목표

실행 체크	우선 순위	내 용

오늘의 활동

● 주변살피기&봉사활동

● 용돈 관리

● 기타

시간별 계획

03:00	
04:00	
05:00	
06:00	
07:00	
08:00	
09:00	
10:00	
11:00	
12:00	
13:00	
14:00	
15:00	
16:00	
17:00	
18:00	
19:00	
20:00	
21:00	
22:00	
23:00	
24:00	
01:00	
02:00	

_____ 년 _____ 월 _____ 일 화요일

오늘의 마음관리

● 주제

● 내용

오늘의 건강관리

●

●

약속&과제

●

●

오늘의 목표

실행 체크	우선 순위	내 용

오늘의 활동

● 주변살피기&봉사활동

● 용돈 관리

● 기타

시간별 계획

03:00

04:00

05:00

06:00

07:00

08:00

09:00

10:00

11:00

12:00

13:00

14:00

15:00

16:00

17:00

18:00

19:00

20:00

21:00

22:00

23:00

24:00

01:00

02:00

_____년 ___월 ___일 수요일

오늘의 마음관리

● 주제

● 내용

오늘의 건강관리

●

●

약속&과제

●

●

오늘의 목표

실행 체크	우선 순위	내 용

오늘의 활동

● 주변살피기&봉사활동

● 용돈 관리

● 기타

시간별 계획	
03:00	
04:00	
05:00	
06:00	
07:00	
08:00	
09:00	
10:00	
11:00	
12:00	
13:00	
14:00	
15:00	
16:00	
17:00	
18:00	
19:00	
20:00	
21:00	
22:00	
23:00	
24:00	
01:00	
02:00	

_____ 년 ___ 월 ___ 일 목요일

시간별 계획

오늘의 마음관리

● 주제
....

● 내용
....

오늘의 건강관리

●
....

●
....

약속&과제

●
....

●
....

오늘의 목표

실행 체크	우선 순위	내 용

오늘의 활동

● 주변살피기&봉사활동
....

● 용돈 관리
....

● 기타
....

03:00	
04:00	
05:00	
06:00	
07:00	
08:00	
09:00	
10:00	
11:00	
12:00	
13:00	
14:00	
15:00	
16:00	
17:00	
18:00	
19:00	
20:00	
21:00	
22:00	
23:00	
24:00	
01:00	
02:00	

_____ 년 ____ 월 ____ 일 금요일

오늘의 마음관리

● 주제

● 내용

오늘의 건강관리

●

●

약속&과제

●

●

오늘의 목표

실행 체크	우선 순위	내 용

오늘의 활동

● 주변살피기&봉사활동

● 용돈 관리

● 기타

시간별 계획

03:00
04:00
05:00
06:00
07:00
08:00
09:00
10:00
11:00
12:00
13:00
14:00
15:00
16:00
17:00
18:00
19:00
20:00
21:00
22:00
23:00
24:00
01:00
02:00

_____ 년 _____ 월 _____ 일 토요일

오늘의 마음관리

● 주제

● 내용

오늘의 건강관리

●

●

약속&과제

●

●

오늘의 목표

실행 체크	우선 순위	내 용

오늘의 활동

● 주변살피기&봉사활동

● 용돈 관리

● 기타

시간별 계획

03:00	
04:00	
05:00	
06:00	
07:00	
08:00	
09:00	
10:00	
11:00	
12:00	
13:00	
14:00	
15:00	
16:00	
17:00	
18:00	
19:00	
20:00	
21:00	
22:00	
23:00	
24:00	
01:00	
02:00	

_____ 년 ____ 월 ____ 일 일요일

오늘의 마음관리

● 주제

● 내용

오늘의 건강관리

●

●

약속&과제

●

●

오늘의 목표

실행 체크	우선 순위	내 용

오늘의 활동

● 주변살피기&봉사활동

● 용돈 관리

● 기타

시간별 계획

시간	
03:00	
04:00	
05:00	
06:00	
07:00	
08:00	
09:00	
10:00	
11:00	
12:00	
13:00	
14:00	
15:00	
16:00	
17:00	
18:00	
19:00	
20:00	
21:00	
22:00	
23:00	
24:00	
01:00	
02:00	

네 손을 보여 드리렴

여덟 살이라는 어린 나이에 어머니를 여읜 소녀가 있었습니다. 소녀의 아버지는 너무 병약했기 때문에 장녀인 그녀가 가정일을 책임져야 했습니다. 그녀에게는 네 명의 동생이 있었습니다. 이 어린 소녀가 어머니 대신 그 아이들을 돌보아야 했습니다. 그녀는 아침 일찍 일어나서 밤이 되도록 온종일 일했습니다. 식사를 준비하고 집안을 치웠습니다. 열심히 가족의 뒤치다꺼리를 하였습니다. 그러다 보니 그 어린 손가락들이 딱딱해지고 상처투성이가 되었으며 몸은 야월 대로 야위었습니다.

열세 살이 되자 지친 소녀는 드디어 병이 났습니다. 그녀는 이웃에게 말했습니다. "저는 이제 죽으려나 봐요. 죽는 것은 무섭지 않은데 부끄러워요!"

"네가 왜 부끄럽니?"

"엄마가 세상을 떠나신 후 저는 너무 바빠서 하나님을 위해 아무것도 해 드리지 못했거든요. 하나님 뵐 면목이 없어요. 하나님께 뭐라고 말씀드리죠?"

이웃은 소녀의 두 손을 잡고 손에 난 상처와 홈 자국들을 들여다보며 말했습니다. "애야, 하나님께 아무 말씀도 드릴 필요 없단다. 그냥 네 이 두 손만 보여 드리렴. 너는 매일 하나님께서 너에게 주신 일을 하며 그분을 위해 살아왔단다. 너는 동생들에게 엄마 노릇을 해 왔어! 하나님은 분명 그걸 아실 거다."

사랑하는 귀한 여러분. 왠지 이 글을 보면 자꾸 눈물이 나네요. 갈수록 한국 사회가 각박해지고 있습니다. 입에 발린 사랑의 속삭임은 많지만 자기희생을 감내하는 사랑은 찾아보기 힘들어집니다. 인스턴트 사랑에 익숙해져 정말 아름다운 사랑이 무언지조차 기억이 나지 않을 정도입니다. 이 글을 통해 귀한 여러분들이 조금이나마 진실한 사랑을 알아갔으면 좋겠습니다. 진정한 리더는 먼저 가슴이 따뜻해야 합니다. 참된 사랑을 많이 받으시고 많이 주십시오. 부탁드립니다.

● 느낀점

● 결단

● 다니엘 주간계획(년   월   일 ~   월   일)

지난주 돌아보기	이번주 핵심체크

주간 공부(핵심)목표

내 삶의 지도⑥ "올해 꼭 성취하고 싶은 것은?"

-
-
-
-
-
-
-

●다니엘 주간체크(년 월 일~ 월 일)

시간관리	월	화	수	목	금	토	일
자유시간							
공부계획							
실제공부							
성취도							
마음관리	월	화	수	목	금	토	일
공부관리	월	화	수	목	금	토	일
건강관리	월	화	수	목	금	토	일
스트레칭							
아침식사							

_____ 년 _____ 월 _____ 일 월요일

오늘의 마음관리

● 주제

● 내용

오늘의 건강관리

●

●

약속&과제

●

●

오늘의 목표

실행 체크	우선 순위	내 용

오늘의 활동

● 주변살피기&봉사활동

● 용돈 관리

● 기타

시간별 계획

03:00
04:00
05:00
06:00
07:00
08:00
09:00
10:00
11:00
12:00
13:00
14:00
15:00
16:00
17:00
18:00
19:00
20:00
21:00
22:00
23:00
24:00
01:00
02:00

_____ 년 _____ 월 _____ 일 화요일

오늘의 마음관리

● 주제

● 내용

오늘의 건강관리

●

●

약속&과제

●

●

오늘의 목표

실행 체크	우선 순위	내 용

오늘의 활동

● 주변살피기&봉사활동

● 용돈 관리

● 기타

시간별 계획

시간	
03:00	
04:00	
05:00	
06:00	
07:00	
08:00	
09:00	
10:00	
11:00	
12:00	
13:00	
14:00	
15:00	
16:00	
17:00	
18:00	
19:00	
20:00	
21:00	
22:00	
23:00	
24:00	
01:00	
02:00	

_____ 년 ____ 월 ____ 일 수요일

오늘의 마음관리

● 주제
···
● 내용
···

오늘의 건강관리

●
···
●
···

약속&과제

●
···
●
···

오늘의 목표

실행 체크	우선 순위	내 용

오늘의 활동

● 주변살피기&봉사활동
···
● 용돈 관리
···
● 기타
···

| 03:00 |
| 04:00 |
| 05:00 |
| 06:00 |
| 07:00 |
| 08:00 |
| 09:00 |
| 10:00 |
| 11:00 |
| 12:00 |
| 13:00 |
| 14:00 |
| 15:00 |
| 16:00 |
| 17:00 |
| 18:00 |
| 19:00 |
| 20:00 |
| 21:00 |
| 22:00 |
| 23:00 |
| 24:00 |
| 01:00 |
| 02:00 |

_____ 년 _____ 월 _____ 일 목요일

오늘의 마음관리

● 주제

● 내용

오늘의 건강관리

❈

❈

약속&과제

❈

❈

오늘의 목표

실행 체크	우선 순위	내 용

오늘의 활동

● 주변살피기&봉사활동

● 용돈 관리

● 기타

시간별 계획

시간	
03:00	
04:00	
05:00	
06:00	
07:00	
08:00	
09:00	
10:00	
11:00	
12:00	
13:00	
14:00	
15:00	
16:00	
17:00	
18:00	
19:00	
20:00	
21:00	
22:00	
23:00	
24:00	
01:00	
02:00	

_____ 년 _____ 월 _____ 일 금요일

오늘의 마음관리

● 주제

● 내용

오늘의 건강관리

●

●

약속&과제

●

●

오늘의 목표

실행 체크	우선 순위	내 용

오늘의 활동

● 주변살피기&봉사활동

● 용돈 관리

● 기타

시간별 계획

시간	
03:00	
04:00	
05:00	
06:00	
07:00	
08:00	
09:00	
10:00	
11:00	
12:00	
13:00	
14:00	
15:00	
16:00	
17:00	
18:00	
19:00	
20:00	
21:00	
22:00	
23:00	
24:00	
01:00	
02:00	

_____ 년 _____ 월 _____ 일 토요일

오늘의 마음관리

● 주제

● 내용

오늘의 건강관리

●

●

약속&과제

●

●

오늘의 목표

실행 체크	우선 순위	내 용

오늘의 활동

● 주변살피기&봉사활동

● 용돈 관리

● 기타

시간별 계획

시간	
03:00	
04:00	
05:00	
06:00	
07:00	
08:00	
09:00	
10:00	
11:00	
12:00	
13:00	
14:00	
15:00	
16:00	
17:00	
18:00	
19:00	
20:00	
21:00	
22:00	
23:00	
24:00	
01:00	
02:00	

_____ 년 _____ 월 _____ 일 일요일

오늘의 마음관리

● 주제

● 내용

오늘의 건강관리

●

●

약속&과제

●

●

오늘의 목표

실행 체크	우선 순위	내 용

오늘의 활동

● 주변살피기&봉사활동

● 용돈 관리

● 기타

시간별 계획

시간	계획
03:00	
04:00	
05:00	
06:00	
07:00	
08:00	
09:00	
10:00	
11:00	
12:00	
13:00	
14:00	
15:00	
16:00	
17:00	
18:00	
19:00	
20:00	
21:00	
22:00	
23:00	
24:00	
01:00	
02:00	

10/90 반응

부정적인 사고를 하면 실수가 크게 보입니다. 그리고 실수에 10/90을 반응하게 됩니다. 10/90 반응이란 10%의 잘못한 일을 가지고 잘한 일 90%까지 좋지 않게 생각하는 것을 말합니다. 이런 식의 사고는 자기가 한 일이 완전히 잘못되었다는 결론에 도달하게 만듭니다. 자신감은 몰라보게 위축되고, 일을 하고 싶은 흥이 나지 않습니다. 집으로 돌아와서 가족들과 시간을 보내는 것도 싫어집니다.

다음에 이와 유사한 상황이 벌어지면 지난번에 못했던 일들이 떠올라서 평소처럼 공부를 하려고 해도 못하게 됩니다. 악순환은 바로 이렇게 시작됩니다. 정작 오늘 해야 할 중요한 핵심을 잊게 합니다. 그래서 또 다른 실수가 벌어지고 악순환이 강력하게 작용합니다.

많은 후배들이 자신의 잘한 일을 너무 금세 잊어버리는 경향이 있습니다. 그리고 못했던 일에 지나치게 의식하고 집착합니다. 집착은 문제 해결에 도움을 주지 못하고 오히려 현재 생활을 좀먹는데도 말입니다.

사랑하는 귀한 여러분, 요즘 여러분의 생활은 어떠신지요? 혹시 잘못한 10에 너무 얽매여 내가 잘한 90은 본체만체하지는 않으셨는지요? 지나간 실수를 정말 만회하고 싶으세요? 그렇다면 지금 이 순간부터 나의 장점 90에 집중해 보겠다고 다짐을 해 보세요. 반드시 여러분의 삶에 역전의 기적이 일어날 것입니다. 끝까지 힘내세요. 파이팅입니다.

● 느낀점

● 결단

● 다니엘 주간계획(년   월   일 ~   월   일)

지난주 돌아보기	이번주 핵심체크

주간 공부(핵심)목표

내 삶의 지도 ⑦ **"내 삶의 좌우명은 무엇인가?"**

-
-
-
-
-
-
-

● 다니엘 주간체크(년   월   일~   월   일)

시간관리	월	화	수	목	금	토	일
자유시간							
공부계획							
실제공부							
성취도							
마음관리	월	화	수	목	금	토	일
공부관리	월	화	수	목	금	토	일
건강관리	월	화	수	목	금	토	일
스트레칭							
아침식사							

_____년 ____월 ____일 월요일

시간별 계획

03:00
04:00
05:00
06:00
07:00
08:00
09:00
10:00
11:00
12:00
13:00
14:00
15:00
16:00
17:00
18:00
19:00
20:00
21:00
22:00
23:00
24:00
01:00
02:00

오늘의 마음관리

● 주제

● 내용

오늘의 건강관리

●

●

약속&과제

●

●

오늘의 목표

실행 체크	우선 순위	내 용

오늘의 활동

● 주변살피기&봉사활동

● 용돈 관리

● 기타

_____ 년 _____ 월 _____ 일 화요일

오늘의 마음관리

● 주제

● 내용

오늘의 건강관리

●

●

약속&과제

●

●

오늘의 목표

실행 체크	우선 순위	내 용

오늘의 활동

● 주변살피기&봉사활동

● 용돈 관리

● 기타

시간별 계획

시간	
03:00	
04:00	
05:00	
06:00	
07:00	
08:00	
09:00	
10:00	
11:00	
12:00	
13:00	
14:00	
15:00	
16:00	
17:00	
18:00	
19:00	
20:00	
21:00	
22:00	
23:00	
24:00	
01:00	
02:00	

_____ 년 ___ 월 ___ 일 수요일

오늘의 마음관리

● 주제

● 내용

오늘의 건강관리

●

●

약속&과제

●

●

오늘의 목표

실행 체크	우선 순위	내 용

오늘의 활동

● 주변살피기&봉사활동

● 용돈 관리

● 기타

시간별 계획

시간	
03:00	
04:00	
05:00	
06:00	
07:00	
08:00	
09:00	
10:00	
11:00	
12:00	
13:00	
14:00	
15:00	
16:00	
17:00	
18:00	
19:00	
20:00	
21:00	
22:00	
23:00	
24:00	
01:00	
02:00	

_____ 년 ____ 월 ____ 일 목요일

오늘의 마음관리

● 주제

● 내용

오늘의 건강관리

●

●

약속&과제

●

●

오늘의 목표

실행 체크	우선 순위	내 용

오늘의 활동

● 주변살피기&봉사활동

● 용돈 관리

● 기타

시간별 계획

시간	
03:00	
04:00	
05:00	
06:00	
07:00	
08:00	
09:00	
10:00	
11:00	
12:00	
13:00	
14:00	
15:00	
16:00	
17:00	
18:00	
19:00	
20:00	
21:00	
22:00	
23:00	
24:00	
01:00	
02:00	

_____ 년 _____ 월 _____ 일 금요일

오늘의 마음관리

● 주제

● 내용

오늘의 건강관리

●

●

약속&과제

●

●

오늘의 목표

실행 체크	우선 순위	내 용

오늘의 활동

● 주변살피기&봉사활동

● 용돈 관리

● 기타

시간별 계획

시간	
03:00	
04:00	
05:00	
06:00	
07:00	
08:00	
09:00	
10:00	
11:00	
12:00	
13:00	
14:00	
15:00	
16:00	
17:00	
18:00	
19:00	
20:00	
21:00	
22:00	
23:00	
24:00	
01:00	
02:00	

_____ 년 _____ 월 _____ 일 토요일

오늘의 마음관리

● 주제
....

● 내용
....

오늘의 건강관리

※
....

※
....

약속&과제

※
....

※
....

오늘의 목표

실행 체크	우선 순위	내 용

오늘의 활동

● 주변살피기&봉사활동
....

● 용돈 관리
....

● 기타
....

시간별 계획

시간	
03:00 ▬	
04:00 ▬	
05:00 ▬	
06:00 ▬	
07:00 ▬	
08:00 ▬	
09:00 ▬	
10:00 ▬	
11:00 ▬	
12:00 ▬	
13:00 ▬	
14:00 ▬	
15:00 ▬	
16:00 ▬	
17:00 ▬	
18:00 ▬	
19:00 ▬	
20:00 ▬	
21:00 ▬	
22:00 ▬	
23:00 ▬	
24:00 ▬	
01:00 ▬	
02:00 ▬	

_____ 년 _____ 월 _____ 일 일요일

오늘의 마음관리

● 주제

● 내용

오늘의 건강관리

●

●

약속&과제

●

●

오늘의 목표

실행 체크	우선 순위	내 용

오늘의 활동

● 주변살피기&봉사활동

● 용돈 관리

● 기타

시간별 계획

시간	
03:00	
04:00	
05:00	
06:00	
07:00	
08:00	
09:00	
10:00	
11:00	
12:00	
13:00	
14:00	
15:00	
16:00	
17:00	
18:00	
19:00	
20:00	
21:00	
22:00	
23:00	
24:00	
01:00	
02:00	

소화불량과 변비에 도움이 되는 체조*

① 무릎을 꿇고 앉는다.
② 엄지를 안으로 넣고 주먹을 쥔다.
③ 손등이 양 허벅지에 닿도록 놓고 새끼손가락이 아랫배에 닿도록 한다.
④ 숨을 들이마셨다가 내쉬면서 등을 편 상태로 아랫배부터 상체를 숙인다.
⑤ 이마가 바닥에 닿을 때까지 숙이고, 팔꿈치에 힘을 빼고 편한 자세를 유지한다.
⑥ 아랫배가 불룩불룩하도록 숨을 천천히 들이마시고 내쉬면서 주먹으로 아랫배를 자극한다.
⑦ 3~5분 유지.
⑧ 다시 숨을 들이마셨다가 내쉬면서 제자리로 돌아온다.

* 〈다니엘 건강관리법〉 168쪽 참조

● 느낀점

● 결단

● 다니엘 주간계획 (년 월 일 ~ 월 일)

지난주 돌아보기	이번주 핵심체크

주간 공부(핵심)목표

내 삶의 지도⑧ "나를 한 단어로 표현한다면?"

-
-
-
-
-
-
-

● 다니엘 주간체크(년 월 일 ~ 월 일)

시간관리	월	화	수	목	금	토	일
자유시간							
공부계획							
실제공부							
성취도							
마음관리	월	화	수	목	금	토	일
공부관리	월	화	수	목	금	토	일
건강관리	월	화	수	목	금	토	일
스트레칭							
아침식사							

_____ 년 ____ 월 ____ 일 월요일

오늘의 마음관리

● 주제

● 내용

오늘의 건강관리

●

●

약속&과제

●

●

오늘의 목표

실행 체크	우선 순위	내 용

오늘의 활동

● 주변살피기&봉사활동

● 용돈 관리

● 기타

시간	
03:00	
04:00	
05:00	
06:00	
07:00	
08:00	
09:00	
10:00	
11:00	
12:00	
13:00	
14:00	
15:00	
16:00	
17:00	
18:00	
19:00	
20:00	
21:00	
22:00	
23:00	
24:00	
01:00	
02:00	

_____ 년 _____ 월 _____ 일 화요일

오늘의 마음관리

● 주제

● 내용

오늘의 건강관리

●

●

약속&과제

●

●

오늘의 목표

실행 체크	우선 순위	내 용

오늘의 활동

● 주변살피기&봉사활동

● 용돈 관리

● 기타

시간별 계획

03:00	
04:00	
05:00	
06:00	
07:00	
08:00	
09:00	
10:00	
11:00	
12:00	
13:00	
14:00	
15:00	
16:00	
17:00	
18:00	
19:00	
20:00	
21:00	
22:00	
23:00	
24:00	
01:00	
02:00	

_____ 년 _____ 월 _____ 일 수요일

오늘의 마음관리

● 주제

● 내용

오늘의 건강관리

●

●

약속&과제

●

●

오늘의 목표

실행 체크	우선 순위	내 용

오늘의 활동

● 주변살피기&봉사활동

● 용돈 관리

● 기타

시간별 계획

| 03:00 |
| 04:00 |
| 05:00 |
| 06:00 |
| 07:00 |
| 08:00 |
| 09:00 |
| 10:00 |
| 11:00 |
| 12:00 |
| 13:00 |
| 14:00 |
| 15:00 |
| 16:00 |
| 17:00 |
| 18:00 |
| 19:00 |
| 20:00 |
| 21:00 |
| 22:00 |
| 23:00 |
| 24:00 |
| 01:00 |
| 02:00 |

_____ 년 _____ 월 _____ 일 목요일

오늘의 마음관리

● 주제

● 내용

오늘의 건강관리

●

●

약속&과제

●

●

오늘의 목표

실행 체크	우선 순위	내 용

오늘의 활동

● 주변살피기&봉사활동

● 용돈 관리

● 기타

시간별 계획

시간	
03:00	
04:00	
05:00	
06:00	
07:00	
08:00	
09:00	
10:00	
11:00	
12:00	
13:00	
14:00	
15:00	
16:00	
17:00	
18:00	
19:00	
20:00	
21:00	
22:00	
23:00	
24:00	
01:00	
02:00	

_____ 년 ___ 월 ___ 일 금요일

시간별 계획

03:00	
04:00	
05:00	
06:00	
07:00	
08:00	
09:00	
10:00	
11:00	
12:00	
13:00	
14:00	
15:00	
16:00	
17:00	
18:00	
19:00	
20:00	
21:00	
22:00	
23:00	
24:00	
01:00	
02:00	

오늘의 마음관리

● 주제

● 내용

오늘의 건강관리

●

●

약속&과제

●

●

오늘의 목표

실행 체크	우선 순위	내 용

오늘의 활동

● 주변살피기&봉사활동

● 용돈 관리

● 기타

_____ 년 _____ 월 _____ 일 토요일

오늘의 마음관리

● 주제

● 내용

오늘의 건강관리

●

●

약속&과제

●

●

오늘의 목표

실행 체크	우선 순위	내 용

오늘의 활동

● 주변살피기&봉사활동

● 용돈 관리

● 기타

시간별 계획

시간	
03:00	
04:00	
05:00	
06:00	
07:00	
08:00	
09:00	
10:00	
11:00	
12:00	
13:00	
14:00	
15:00	
16:00	
17:00	
18:00	
19:00	
20:00	
21:00	
22:00	
23:00	
24:00	
01:00	
02:00	

_____ 년 _____ 월 _____ 일 일요일

오늘의 마음관리

● 주제

● 내용

오늘의 건강관리

●

●

약속&과제

●

●

오늘의 목표

실행 체크	우선 순위	내 용

오늘의 활동

● 주변살피기&봉사활동

● 용돈 관리

● 기타

시간별 계획

시간	계획
03:00	
04:00	
05:00	
06:00	
07:00	
08:00	
09:00	
10:00	
11:00	
12:00	
13:00	
14:00	
15:00	
16:00	
17:00	
18:00	
19:00	
20:00	
21:00	
22:00	
23:00	
24:00	
01:00	
02:00	

나의 가장 친한 친구

2차 대전 중에 있었던 일입니다. 스타이저 박사는 전쟁터에서 막 돌아온 한 젊은 해군 장교에게 물었습니다. "전쟁터에서 가장 기억에 남는 일은 어떤 것이었습니까?" 그러자 그는 이렇게 말했습니다.

"우리는 북대서양의 잠수 지역을 항해하고 있었는데 근처에 적의 잠수정이 있다는 것을 알고 모두 긴장하고 있었지요. 그 운명의 날에 나는 동트기 훨씬 전에 일어났습니다. 꼭 함교로 나가 봐야겠다는 생각이 들어서였지요. 나 역시 두려움을 느끼고 있었어요. 우리 배는 유럽으로 가는 1만 명의 미군을 태운 수송선이었습니다. 나는 그들의 안전에 대하여 막중한 책임감을 느끼고 있었지요. 선장과 함께 함교로 올라간 지 30분쯤 지나자 태양은 동쪽 수평선에서 불그스레하게 올라오기 시작했습니다. 우리는 그 아름다운 광경을 황홀하게 바라보았습니다. 우리는 그때 동시에 그것을 포착했습니다. 어뢰가 하얀 꼬리를 그리며 우리 배를 똑바로 겨냥해 다가오고 있는 것을 말입니다! 엄청난 일이었습니다! 우리의 육중한 배를 돌려 어뢰를 따돌릴 만한 시간이 없었습니다. 선창 안에는 1만 명의 병사들이 잠들어 있었습니다. 선장은 이렇게 소리쳤습니다. '실제 상황이다!' 선장은 전 승무원들에게 전투 배치를 명령했습니다. 그러나 전혀 쓸모없는 일로 보였습니다.

그때 갑자기 뜻밖의 일이 벌어졌습니다. 좌현으로부터 구축함이 물살을 가로지르며 달려오고 있었습니다. 이 작은 배의 선장도 어뢰를 보았던 것입니다. 나치 잠수정에서 쏜 어뢰가 우리 배를 똑바로 겨냥하여 다가가고 있는 것을요…. 그 젊은 선장은 엔진실에 명령했습니다. '전 엔진을 우로!' 그는 구축함을 어뢰의 경로에 맞추었지요. 그대로 그 배는 어뢰와 충돌하여 젊은 선장을 포함한 승무원들과 함께 가라앉았습니다. 물론 그는 자신의 명령으로 자신과 승무원들이 목숨을 잃게 되리라는 것을 알았습니다. 그러나 단 1초도 망설이지 않았지요. 그는 타인을 위하여 기꺼이 목숨을 바쳤던 겁니다. 그 선장이 누구냐고요? 그는 나의 가장 친한 친구였습니다!"

사랑하는 귀한 여러분, 저도 이 젊은 선장과 같은 친구를 사귀고 싶습니다. 그러기 위해 제가 먼저 그런 친구가 되겠습니다. 이런 사람이야말로 진정한 21세기 리더라고 생각합니다. 다니엘 학습 플래너를 사용하는 여러분들 중에서 한 명이라도 그런 사람이 된다면 21세기가 좀 더 살기 좋은 사회가 되리라 저는 확신합니다. 저도 열심히 노력할게요. 함께 노력합시다. *^^*

●느낀점

●결단

●다니엘 주간계획(년   월   일 ~   월   일)

지난주 돌아보기	이번주 핵심체크

주간 공부(핵심)목표

내 삶의 지도 ⑨ **"나에게 어울리는 직업은?"**

-
-
-
-
-
-
-

● 다니엘 주간체크(년   월   일 ~   월   일)

시간관리	월	화	수	목	금	토	일
자유시간							
공부계획							
실제공부							
성취도							
마음관리	월	화	수	목	금	토	일
공부관리	월	화	수	목	금	토	일
건강관리	월	화	수	목	금	토	일
스트레칭							
아침식사							

_____ 년 _____ 월 _____ 일 월요일

오늘의 마음관리

● 주제

● 내용

오늘의 건강관리

●

●

약속&과제

●

●

오늘의 목표

실행 체크	우선 순위	내 용

오늘의 활동

● 주변살피기&봉사활동

● 용돈 관리

● 기타

시간별 계획

| 03:00 |
| 04:00 |
| 05:00 |
| 06:00 |
| 07:00 |
| 08:00 |
| 09:00 |
| 10:00 |
| 11:00 |
| 12:00 |
| 13:00 |
| 14:00 |
| 15:00 |
| 16:00 |
| 17:00 |
| 18:00 |
| 19:00 |
| 20:00 |
| 21:00 |
| 22:00 |
| 23:00 |
| 24:00 |
| 01:00 |
| 02:00 |

_____ 년 _____ 월 _____ 일 화요일

오늘의 마음관리

● 주제

● 내용

오늘의 건강관리

●

●

약속&과제

●

●

오늘의 목표

실행 체크	우선 순위	내 용

오늘의 활동

● 주변살피기&봉사활동

● 용돈 관리

● 기타

시간별 계획

시간	
03:00	
04:00	
05:00	
06:00	
07:00	
08:00	
09:00	
10:00	
11:00	
12:00	
13:00	
14:00	
15:00	
16:00	
17:00	
18:00	
19:00	
20:00	
21:00	
22:00	
23:00	
24:00	
01:00	
02:00	

_____ 년 ___ 월 ___ 일 수요일

오늘의 마음관리

● 주제

● 내용

오늘의 건강관리

●

●

약속&과제

●

●

오늘의 목표

실행 체크	우선 순위	내 용

오늘의 활동

● 주변살피기&봉사활동

● 용돈 관리

● 기타

시간별 계획

시간	
03:00	
04:00	
05:00	
06:00	
07:00	
08:00	
09:00	
10:00	
11:00	
12:00	
13:00	
14:00	
15:00	
16:00	
17:00	
18:00	
19:00	
20:00	
21:00	
22:00	
23:00	
24:00	
01:00	
02:00	

_____ 년 _____ 월 _____ 일 목요일

오늘의 마음관리

● 주제

● 내용

오늘의 건강관리

●

●

약속&과제

●

●

오늘의 목표

실행 체크	우선 순위	내 용

오늘의 활동

● 주변살피기&봉사활동

● 용돈 관리

● 기타

시간별 계획

시간	
03:00	
04:00	
05:00	
06:00	
07:00	
08:00	
09:00	
10:00	
11:00	
12:00	
13:00	
14:00	
15:00	
16:00	
17:00	
18:00	
19:00	
20:00	
21:00	
22:00	
23:00	
24:00	
01:00	
02:00	

_____ 년 ____ 월 ___ 일 금요일

시간별 계획

시간	
03:00	
04:00	
05:00	
06:00	
07:00	
08:00	
09:00	
10:00	
11:00	
12:00	
13:00	
14:00	
15:00	
16:00	
17:00	
18:00	
19:00	
20:00	
21:00	
22:00	
23:00	
24:00	
01:00	
02:00	

오늘의 마음관리

● 주제

● 내용

오늘의 건강관리

●

●

약속&과제

●

●

오늘의 목표

실행 체크	우선 순위	내 용

오늘의 활동

● 주변살피기&봉사활동

● 용돈 관리

● 기타

_____ 년 _____ 월 _____ 일 토요일

오늘의 마음관리

● 주제

● 내용

오늘의 건강관리

●

●

약속&과제

●

●

오늘의 목표

실행 체크	우선 순위	내 용

오늘의 활동

● 주변살피기&봉사활동

● 용돈 관리

● 기타

시간별 계획

시간	
03:00	
04:00	
05:00	
06:00	
07:00	
08:00	
09:00	
10:00	
11:00	
12:00	
13:00	
14:00	
15:00	
16:00	
17:00	
18:00	
19:00	
20:00	
21:00	
22:00	
23:00	
24:00	
01:00	
02:00	

_____ 년 ___ 월 ___ 일 일요일

오늘의 마음관리

● 주제

● 내용

오늘의 건강관리

●

●

약속&과제

●

●

오늘의 목표

실행 체크	우선 순위	내 용

오늘의 활동

● 주변살피기&봉사활동

● 용돈 관리

● 기타

시간별 계획

시간	
03:00	
04:00	
05:00	
06:00	
07:00	
08:00	
09:00	
10:00	
11:00	
12:00	
13:00	
14:00	
15:00	
16:00	
17:00	
18:00	
19:00	
20:00	
21:00	
22:00	
23:00	
24:00	
01:00	
02:00	

결정에도 때가 있다

로널드 레이건(Ronald Reagan) 전 미국 대통령은 결단의 필요성을 십대 초에 배웠습니다. 어느 날, 상냥한 친척 아주머니 한 분이 그에게 신발을 한 켤레 맞추어 주려고 제화점으로 데려갔습니다. 로널드의 발 치수를 잰 후 제화공이 물었습니다.

"구두 발끝을 둥글게 만들어 줄까? 아니면 네모나게 할까?"

어린 로널드는 쉽게 마음을 정할 수가 없었습니다. 그러자 제화공은 "하루나 이틀 뒤에 다시 와서 어떤 걸 원하는지 말해 줘!" 하고 소년을 돌려보냈습니다.

며칠이 지나 제화공은 우연히 길에서 로널드를 만나 구두 모양을 정했는지 물었습니다. 소년은 머뭇거리며 "아직 결정하지 못했어요."라고 대답했습니다. 그러자 제화공이 말했습니다.

"잘 알았다. 그럼 내일 구두를 만들어 놓을 테니 찾아가거라."

다음 날 로널드가 신발을 찾아와 보니 한 짝은 발끝이 둥글고 한 짝은 네모났습니다. 훗날 레이건은 이 일을 떠올리며 말했습니다.

"그 신발을 보고 나는 큰 교훈을 얻었지요. 그것은 바로 스스로 결정하지 않으면 다른 누군가가 나 대신 결정한다는 것입니다."

결정…. 결정! 그것이 크건 작건 간에 인생은 많은 것들 중 하나, 혹은 양자 간 선택의 연속으로 이루어집니다. 그리고 십대일 때 인생의 가장 중요한 몇 가지 결정을 반드시 내려야 하지요. 학교를 마치면 바로 직장을 찾을 것인가 아니면 대학이나 직업학교로 갈 것인가? 누구랑 인생을 함께할 것인가? 어떤 삶을 살 것인가? 마약과 쾌락에 탐닉할 것인가? 이런 결정들은 아마 평생 여러분을 따라다닐 것입니다.

사랑하는 귀한 여러분, 올바른 결정은 여러분이 얼마나 쓸모 있는 삶을 살 것인지, 그리고 여러분이 인생을 얼마나 의미 있게 살 것인지를 결정하는 데에 아주 중요한 역할을 합니다. 저 역시 지금까지 살아오면서 늘 선택이 제일 어려운 일이었습니다. 청소년 시절부터 올바른 결정을 할 수 있는 마음훈련은 매우 중요합니다. 다니엘 마음관리 시간을 통해 하루하루 마음을 훈련하시길 바랍니다. 지나간 시간은 다시 돌아오지 않습니다. 하지만 현명한 선택을 통해 지나간 시간을 만회할 수 있고 역전할 수 있음을 꼭 기억하시고 순간순간 주어진 시간 정말 지혜롭게 잘 선택하시기를 부탁드립니다.

● 느낀점

● 결단

● 다니엘 주간계획(　　년　월　일 ~　월　일)

지난주 돌아보기	이번주 핵심체크

주간 공부(핵심)목표

내 삶의 지도⑩ "내 마음에 드는 전공(분야)은?"

-
-
-
-
-
-
-

● 다니엘 주간체크(년   월   일 ~   월   일)

시간관리	월	화	수	목	금	토	일
자유시간							
공부계획							
실제공부							
성취도							
마음관리	월	화	수	목	금	토	일
공부관리	월	화	수	목	금	토	일
건강관리	월	화	수	목	금	토	일
스트레칭							
아침식사							

_____ 년 _____ 월 _____ 일 월요일

시간별 계획

오늘의 마음관리

● 주제

● 내용

오늘의 건강관리

●

●

약속&과제

●

●

오늘의 목표

실행 체크	우선 순위	내 용

오늘의 활동

● 주변살피기&봉사활동

● 용돈 관리

● 기타

시간	
03:00	
04:00	
05:00	
06:00	
07:00	
08:00	
09:00	
10:00	
11:00	
12:00	
13:00	
14:00	
15:00	
16:00	
17:00	
18:00	
19:00	
20:00	
21:00	
22:00	
23:00	
24:00	
01:00	
02:00	

_____ 년 _____ 월 _____ 일 화요일

오늘의 마음관리

◉ 주제

◉ 내용

오늘의 건강관리

◉

◉

약속&과제

◉

◉

오늘의 목표

실행 체크	우선 순위	내 용

오늘의 활동

◉ 주변살피기&봉사활동

◉ 용돈 관리

◉ 기타

시간별 계획

시간	
03:00	
04:00	
05:00	
06:00	
07:00	
08:00	
09:00	
10:00	
11:00	
12:00	
13:00	
14:00	
15:00	
16:00	
17:00	
18:00	
19:00	
20:00	
21:00	
22:00	
23:00	
24:00	
01:00	
02:00	

_____ 년 _____ 월 _____ 일 수요일

오늘의 마음관리

● 주제

● 내용

오늘의 건강관리

●

●

약속&과제

●

●

오늘의 목표

실행 체크	우선 순위	내 용

오늘의 활동

● 주변살피기&봉사활동

● 용돈 관리

● 기타

시간별 계획

시간	
03:00	
04:00	
05:00	
06:00	
07:00	
08:00	
09:00	
10:00	
11:00	
12:00	
13:00	
14:00	
15:00	
16:00	
17:00	
18:00	
19:00	
20:00	
21:00	
22:00	
23:00	
24:00	
01:00	
02:00	

_____ 년 _____ 월 _____ 일 목요일

시간별 계획

오늘의 마음관리

● 주제

● 내용

오늘의 건강관리

●

●

약속&과제

●

●

오늘의 목표

실행 체크	우선 순위	내 용

오늘의 활동

● 주변살피기&봉사활동

● 용돈 관리

● 기타

시간	
03:00	
04:00	
05:00	
06:00	
07:00	
08:00	
09:00	
10:00	
11:00	
12:00	
13:00	
14:00	
15:00	
16:00	
17:00	
18:00	
19:00	
20:00	
21:00	
22:00	
23:00	
24:00	
01:00	
02:00	

_____ 년 ___ 월 ___ 일 금요일

오늘의 마음관리

● 주제

● 내용

오늘의 건강관리

●

●

약속&과제

●

●

오늘의 목표

실행 체크	우선 순위	내 용

오늘의 활동

● 주변살피기&봉사활동

● 용돈 관리

● 기타

시간	
03:00	
04:00	
05:00	
06:00	
07:00	
08:00	
09:00	
10:00	
11:00	
12:00	
13:00	
14:00	
15:00	
16:00	
17:00	
18:00	
19:00	
20:00	
21:00	
22:00	
23:00	
24:00	
01:00	
02:00	

_____ 년 _____ 월 _____ 일 토요일

시간별 계획

03:00 —

04:00 —

오늘의 마음관리

05:00 —

● 주제

06:00 —

● 내용

07:00 —

오늘의 건강관리

08:00 —

09:00 —

●

10:00 —

●

11:00 —

약속&과제

12:00 —

●

13:00 —

●

14:00 —

오늘의 목표

15:00 —

실행 체크	우선 순위	내 용

16:00 —

17:00 —

18:00 —

19:00 —

20:00 —

21:00 —

22:00 —

오늘의 활동

23:00 —

24:00 —

● 주변살피기&봉사활동

01:00 —

● 용돈 관리

02:00 —

● 기타

_____ 년 _____ 월 ___ 일 일요일

오늘의 마음관리

● 주제

● 내용

오늘의 건강관리

●

●

약속&과제

●

●

오늘의 목표

실행 체크	우선 순위	내 용

오늘의 활동

● 주변살피기&봉사활동

● 용돈 관리

● 기타

시간별 계획
03:00
04:00
05:00
06:00
07:00
08:00
09:00
10:00
11:00
12:00
13:00
14:00
15:00
16:00
17:00
18:00
19:00
20:00
21:00
22:00
23:00
24:00
01:00
02:00

공부는 닭이 알을 품는 것과 같다

다음은 송나라 성리학의 대가 주자의 글입니다. 공부하는 것이 어떤 것인지에 대하여 무척 쉽게 비유한 글로서 깊은 통찰력이 돋보입니다. 저 역시 그의 글에 깊은 동감을 합니다.

"만일 아직 학문에 입문하지 못한 상태라면 다그쳐 공부해서도 안 되고 쉬엄쉬엄 공부해서도 안 된다. 이 도리를 알았다면 모름지기 중단하지 말고 공부해야 한다. 만일 중단한다면 공부를 이루지 못하나니, 다시 시작하자면 또 얼마나 힘이 들겠는가. 이는 비유컨대 닭이 알을 품는 것과 같다. 닭이 알을 품고 있지만 뭐 그리 따뜻하겠는가. 그러나 늘 품고 있기 때문에 알이 부화되는 것이다. 만일 끓는 물로 알을 뜨겁게 한다면 알은 죽고 말 것이며, 품는 것을 잠시라도 멈춘다면 알은 식고 말 것이다."

공부 노이로제에 걸린 학생들이 매우 많습니다. 고등학교 3학년 학생들 가운데 4명 중 1명이 공부 우울증을 앓고 있습니다. 공부는 닭이 알을 품는 것과 비슷합니다. 한꺼번에 욕심을 내서 빨리 부화시키고 싶다고 뜨거운 물에 넣으면 알은 부화되기는커녕 죽게 됩니다. 공부도 마찬가지입니다. 하루아침에 급격히 성적을 올리기 위해 무리한 계획을 세우면 며칠 못 버티다가 공부할 의욕마저 상실하게 됩니다.

공부하는 것이 싫다고 멈추게 되면 그동안 노력해 온 것이 금세 흐지부지되어 버립니다. 마치 알을 품다가 그만두면 알이 부화되지 않는 것과 같습니다. 공부는 꾸준히 할 수 있는 만큼의 계획으로 하는 것이 가장 좋습니다. 그동안 시간을 많이 낭비했더라도 그것을 한순간에 역전하려고 하면 오히려 일을 그르치게 될 확률이 높습니다. 다니엘 아침형 학습을 단계별로 꾸준히 하면서 자신의 인지패턴에 맞는 정교한 계획을 다듬고 또 다듬다 보면 엄청난 가속도가 붙게 됩니다. 차원 이동이 가능한 셈이지요.

사랑하는 귀한 여러분, 너무 과욕 부리지 마세요. 너무 쉬엄쉬엄 공부하지도 마세요. 높은 꿈과 희망을 바라보며 꾸준히 알을 품듯이 하세요. 닭은 알을 품습니다. 힘들어도 끝까지 품습니다. 왜냐고요? 귀한 생명이 나올 것을 믿고 기대하며 희망하기 때문입니다. 여러분의 귀한 희망과 꿈이, 힘들지만 열심히 인내하며 공부하는 여러분에게는 현실로 다가올 것입니다. 그날을 기다리며 조금만 더 힘냅시다!!! *^^*

● 느낀점

● 결단

● 다니엘 주간계획(년   월   일 ~   월   일)

지난주 돌아보기	이번주 핵심체크

주간 공부(핵심)목표

내 삶의 지도 ⑪ **"친구에게 비친 내 모습은?"**

-
-
-
-
-
-
-

● 다니엘 주간체크(년   월   일 ~   월   일)

시간관리	월	화	수	목	금	토	일
자유시간							
공부계획							
실제공부							
성취도							
마음관리	월	화	수	목	금	토	일
공부관리	월	화	수	목	금	토	일
건강관리	월	화	수	목	금	토	일
스트레칭							
아침식사							

_____ 년 ___ 월 ___ 일 월요일

오늘의 마음관리

● 주제

● 내용

오늘의 건강관리

●

●

약속&과제

●

●

오늘의 목표

실행 체크	우선 순위	내 용

오늘의 활동

● 주변살피기&봉사활동

● 용돈 관리

● 기타

시간별 계획

03:00	
04:00	
05:00	
06:00	
07:00	
08:00	
09:00	
10:00	
11:00	
12:00	
13:00	
14:00	
15:00	
16:00	
17:00	
18:00	
19:00	
20:00	
21:00	
22:00	
23:00	
24:00	
01:00	
02:00	

_____ 년 ____ 월 ____ 일 화요일

오늘의 마음관리

● 주제

● 내용

오늘의 건강관리

●

●

약속&과제

●

●

오늘의 목표

실행 체크	우선 순위	내 용

오늘의 활동

● 주변살피기&봉사활동

● 용돈 관리

● 기타

시간별 계획

시간	계획
03:00	
04:00	
05:00	
06:00	
07:00	
08:00	
09:00	
10:00	
11:00	
12:00	
13:00	
14:00	
15:00	
16:00	
17:00	
18:00	
19:00	
20:00	
21:00	
22:00	
23:00	
24:00	
01:00	
02:00	

_____ 년 ___ 월 ___ 일 수요일

오늘의 마음관리

● 주제

● 내용

오늘의 건강관리

●

●

약속&과제

●

●

오늘의 목표

실행 체크	우선 순위	내 용

오늘의 활동

● 주변살피기&봉사활동

● 용돈 관리

● 기타

시간별 계획

03:00	
04:00	
05:00	
06:00	
07:00	
08:00	
09:00	
10:00	
11:00	
12:00	
13:00	
14:00	
15:00	
16:00	
17:00	
18:00	
19:00	
20:00	
21:00	
22:00	
23:00	
24:00	
01:00	
02:00	

_____ 년 _____ 월 _____ 일 목요일

오늘의 마음관리

● 주제

● 내용

오늘의 건강관리

✳

✳

약속&과제

●

●

오늘의 목표

실행 체크	우선 순위	내 용

오늘의 활동

● 주변살피기&봉사활동

● 용돈 관리

● 기타

시간별 계획
03:00 ▬
04:00 ▬
05:00 ▬
06:00 ▬
07:00 ▬
08:00 ▬
09:00 ▬
10:00 ▬
11:00 ▬
12:00 ▬
13:00 ▬
14:00 ▬
15:00 ▬
16:00 ▬
17:00 ▬
18:00 ▬
19:00 ▬
20:00 ▬
21:00 ▬
22:00 ▬
23:00 ▬
24:00 ▬
01:00 ▬
02:00 ▬

_____ 년 ___ 월 ___ 일 금요일

오늘의 마음관리

● 주제

● 내용

오늘의 건강관리

●

●

약속&과제

●

●

오늘의 목표

실행 체크	우선 순위	내 용

오늘의 활동

● 주변살피기&봉사활동

● 용돈 관리

● 기타

시간별 계획

03:00
04:00
05:00
06:00
07:00
08:00
09:00
10:00
11:00
12:00
13:00
14:00
15:00
16:00
17:00
18:00
19:00
20:00
21:00
22:00
23:00
24:00
01:00
02:00

_____ 년 _____ 월 _____ 일 토요일

시간별 계획

시간	
03:00	
04:00	
05:00	
06:00	
07:00	
08:00	
09:00	
10:00	
11:00	
12:00	
13:00	
14:00	
15:00	
16:00	
17:00	
18:00	
19:00	
20:00	
21:00	
22:00	
23:00	
24:00	
01:00	
02:00	

오늘의 마음관리

● 주제

● 내용

오늘의 건강관리

●

●

약속&과제

●

●

오늘의 목표

실행 체크	우선 순위	내 용

오늘의 활동

● 주변살피기&봉사활동

● 용돈 관리

● 기타

_____ 년 _____ 월 _____ 일 일요일

오늘의 마음관리

● 주제

● 내용

오늘의 건강관리

●

●

약속&과제

●

●

오늘의 목표

실행 체크	우선 순위	내 용

오늘의 활동

● 주변살피기&봉사활동

● 용돈 관리

● 기타

시간별 계획

시간	
03:00	
04:00	
05:00	
06:00	
07:00	
08:00	
09:00	
10:00	
11:00	
12:00	
13:00	
14:00	
15:00	
16:00	
17:00	
18:00	
19:00	
20:00	
21:00	
22:00	
23:00	
24:00	
01:00	
02:00	

꿈을 이루는 나만의 특별한 공부방법 (고2 김은주)

나는 전형적인 저녁형 인간이었다. 매일 밤늦게까지 공부하고 아침 늦게 일어
났다. 정말 열심히 공부하고 있다고 생각했지만, 성적은 좀처럼 오르지 않았
다. 고2가 되던 겨울방학, 좌절에 빠져 스스로를 원망하던 때, '다니엘 학습법'
을 접하게 되었다. 다니엘 학습법은 내가 지금까지 봐온 그 어떤 공부비법보
다 색다르고 특별했다.

나는 다니엘 '아침형' 학습법을 따라 평소보다 일찍 일어나서 마음관리를 했다.
공부하기 전에 마음관리를 한 후 공부를 하니 정말 머릿속이 맑아지면서 공부가
잘됐다. 학원에서 집에 돌아와 지친 상태로 수학공부를 할 때보다 아침에 상쾌한
기분으로 수학을 푸는 것이 훨씬 효율적이었다. 그렇게 마음관리와 학습을 병행
하니 마음이 편안해지고 집중이 더 잘되면서 성적도 오르기 시작했다.

나는 보다 효율적이고 체계적인 학습을 하기 위해 다니엘 플래너를 구입했는데
이 플래너 역시 다른 일반 플래너와는 달랐다. 그날 아침 마음관리를 할 수 있었
고, 내가 오늘 할 일이 무엇인지 쓴 다음에 한 시간 단위로 계획을 세우도록 되
어 있었다. 이 플래너를 사용하면서 나는 계획적이고 효율적인 학습을 하게 되
었다. 이제 이 플래너는 나에게 없어서는 안 될 값진 보물이 되었다.

물론 다니엘 학습법을 하는 동안에도 힘든 시기가 있었다. 처음에 적응이 안 되
어 아침에 늦게 일어나서 마음관리를 못하는 날이 점점 늘어나자, 공부도 안 되
고 자꾸 부정적인 생각만 들었다. 내가 정말 꿈을 이룰 수 있을까, 라는 생각에
사로잡혀 있을 때 김동환 선생님의 강의와 격려, 플래너에 필기해 둔 강의 내용
을 다시 보며 극복할 수 있었다. 다니엘 학습법을 시작하기 전엔 현실만을 가늠
해 내 진정한 꿈을 포기하고 현실에 맞춰 목표를 세우곤 했었다. 하지만 지금의
나는 다르다. 나는 절대로 과거처럼 쉽게 꿈을 포기하지 않을 것이다. 내 꿈은
의사가 되어 주님의 사랑과 복음을 전하는 의료 선교사가 되는 것이다. 아직 부
족하지만 난 남들과는 다른 특별한 방법으로 반드시 꿈을 이룰 것이다.

● 느낀점

● 결단

•다니엘 주간계획(년   월   일 ~   월   일)

지난주 돌아보기	이번주 핵심체크

주간 공부(핵심)목표

내 삶의 지도⑫ **"나의 친한 친구에게서 배울 점은?"**

-
-
-
-
-
-
-

● 다니엘 주간체크(년   월   일 ~   월   일)

시간관리	월	화	수	목	금	토	일
자유시간							
공부계획							
실제공부							
성취도							
마음관리	월	화	수	목	금	토	일
공부관리	월	화	수	목	금	토	일
건강관리	월	화	수	목	금	토	일
스트레칭							
아침식사							

_____ 년 ___ 월 ___ 일 월요일

오늘의 마음관리

● 주제
....
● 내용
....

오늘의 건강관리

●
....
●
....

약속&과제

●
....
●
....

오늘의 목표

실행 체크	우선 순위	내 용

오늘의 활동

● 주변살피기&봉사활동
....
● 용돈 관리
....
● 기타
....

시간별 계획
03:00 ▬
04:00 ▬
05:00 ▬
06:00 ▬
07:00 ▬
08:00 ▬
09:00 ▬
10:00 ▬
11:00 ▬
12:00 ▬
13:00 ▬
14:00 ▬
15:00 ▬
16:00 ▬
17:00 ▬
18:00 ▬
19:00 ▬
20:00 ▬
21:00 ▬
22:00 ▬
23:00 ▬
24:00 ▬
01:00 ▬
02:00 ▬

_____ 년 _____ 월 _____ 일 화요일

오늘의 마음관리

● 주제

● 내용

오늘의 건강관리

●

●

약속&과제

●

●

오늘의 목표

실행 체크	우선 순위	내 용

오늘의 활동

● 주변살피기&봉사활동

● 용돈 관리

● 기타

시간별 계획

시간	
03:00 ―	
04:00 ―	
05:00 ―	
06:00 ―	
07:00 ―	
08:00 ―	
09:00 ―	
10:00 ―	
11:00 ―	
12:00 ―	
13:00 ―	
14:00 ―	
15:00 ―	
16:00 ―	
17:00 ―	
18:00 ―	
19:00 ―	
20:00 ―	
21:00 ―	
22:00 ―	
23:00 ―	
24:00 ―	
01:00 ―	
02:00 ―	

_____ 년 _____ 월 _____ 일 수요일

오늘의 마음관리

● 주제

● 내용

오늘의 건강관리

●

●

약속&과제

●

●

오늘의 목표

실행 체크	우선 순위	내용

오늘의 활동

● 주변살피기&봉사활동

● 용돈 관리

● 기타

시간별 계획
03:00 ―
04:00 ―
05:00 ―
06:00 ―
07:00 ―
08:00 ―
09:00 ―
10:00 ―
11:00 ―
12:00 ―
13:00 ―
14:00 ―
15:00 ―
16:00 ―
17:00 ―
18:00 ―
19:00 ―
20:00 ―
21:00 ―
22:00 ―
23:00 ―
24:00 ―
01:00 ―
02:00 ―

_____ 년 _____ 월 _____ 일 목요일

오늘의 마음관리

● 주제

● 내용

오늘의 건강관리

●

●

약속&과제

●

●

오늘의 목표

실행 체크	우선 순위	내 용

오늘의 활동

● 주변살피기&봉사활동

● 용돈 관리

◉ 기타

시간별 계획

시간	
03:00	
04:00	
05:00	
06:00	
07:00	
08:00	
09:00	
10:00	
11:00	
12:00	
13:00	
14:00	
15:00	
16:00	
17:00	
18:00	
19:00	
20:00	
21:00	
22:00	
23:00	
24:00	
01:00	
02:00	

_____ 년 _____ 월 _____ 일 금요일

오늘의 마음관리

● 주제

....

● 내용

....

오늘의 건강관리

●

....

●

....

약속&과제

●

....

●

....

오늘의 목표

실행 체크	우선 순위	내 용

오늘의 활동

● 주변살피기&봉사활동

....

● 용돈 관리

....

● 기타

....

시간별 계획

03:00	
04:00	
05:00	
06:00	
07:00	
08:00	
09:00	
10:00	
11:00	
12:00	
13:00	
14:00	
15:00	
16:00	
17:00	
18:00	
19:00	
20:00	
21:00	
22:00	
23:00	
24:00	
01:00	
02:00	

_____ 년 _____ 월 _____ 일 토요일

오늘의 마음관리

● 주제

● 내용

오늘의 건강관리

●

●

약속&과제

●

●

오늘의 목표

실행 체크	우선 순위	내 용

오늘의 활동

● 주변살피기&봉사활동

● 용돈 관리

● 기타

시간별 계획

03:00	
04:00	
05:00	
06:00	
07:00	
08:00	
09:00	
10:00	
11:00	
12:00	
13:00	
14:00	
15:00	
16:00	
17:00	
18:00	
19:00	
20:00	
21:00	
22:00	
23:00	
24:00	
01:00	
02:00	

_____ 년 _____ 월 _____ 일 일요일

오늘의 마음관리

● 주제

● 내용

오늘의 건강관리

●

●

약속&과제

●

●

오늘의 목표

실행 체크	우선 순위	내 용

오늘의 활동

● 주변살피기&봉사활동

● 용돈 관리

● 기타

시간별 계획
03:00
04:00
05:00
06:00
07:00
08:00
09:00
10:00
11:00
12:00
13:00
14:00
15:00
16:00
17:00
18:00
19:00
20:00
21:00
22:00
23:00
24:00
01:00
02:00

은혜를 갚은 의사 이야기

유명한 내과의사이자 외과의이기도 한 하워드 켈리 박사는 진실하고 성실한 사람이 었습니다. 의과 대학 시절 켈리 박사는 학비 충당도 할 겸 여름방학을 이용해 책을 팔러 다녔습니다. 어느 날 목이 말랐던 그는 물 한 잔을 마시기 위해 농가에 들렀습니다. 한 소녀가 나왔지요.

물 한 잔만 달라고 하자 그 소녀는 예쁜 목소리로 "원하신다면 우유 한 잔을 드릴게요"라고 대답했습니다. 덕분에 켈리 박사는 새로 짠 신선하고 시원한 우유를 단숨에 들이켤 수 있었습니다.

그로부터 여러 해가 흘렀습니다. 켈리 박사는 의과 대학을 졸업하고 존스 홉킨스 병원의 외과 과장이 되었습니다. 하루는 몹시 아픈 환자가 병원에 입원했습니다. 수술이 필요한 환자였습니다. 노련한 켈리 박사는 환자를 완쾌시키기 위해 어떤 수고도 아끼지 않고 열심히 수술에 임했습니다. 수술 후 환자는 아주 빠른 속도로 회복되었습니다.

퇴원할 날이 다가왔습니다. 환자는 매우 기뻤지만 병원비를 생각하니 걱정이 되었습니다.

청구서를 달라고 하자 간호사가 상세히 기록된 청구서를 가져왔습니다.

그녀는 무거운 마음으로 청구서에 적인 항목들을 읽어 내려가다 한숨을 내쉬었습니다. 그러나 조금 더 읽어 보니 청구서 제일 하단에 다음과 같은 메모가 적혀 있었습니다.

"한 잔의 우유로 모두 지불되었음!"

그 밑에는 켈리 박사의 사인이 있었습니다.

사랑하는 귀한 여러분, 정말 멋진 이야기입니다. 은혜를 잊지 않고 갚을 수 있는 사람만큼 멋진 사람도 드물다고 생각합니다. 요즘 자신의 성공만을 위해 배은망덕을 대수롭지 않게 여기는 사람들이 많습니다. 여러분은 그런 풍조에 휩쓸리지 마십시오. 매일 부지런히 마음을 관리하여 은혜를 갚을 줄 아는 모두 그런 멋진 사람이 되시길 간절히 소원합니다.

● 느낀점

● 결단

●다니엘 주간계획(년   월   일 ~   월   일)

지난주 돌아보기	이번주 핵심체크

주간 공부(핵심)목표

내 삶의 지도⑬ **"친구가 나에게 주는 나쁜 영향은?"**

-
-
-
-
-
-
-

● 다니엘 주간체크(년 월 일 ~ 월 일)

시간관리	월	화	수	목	금	토	일
자유시간							
공부계획							
실제공부							
성취도							
마음관리	월	화	수	목	금	토	일
공부관리	월	화	수	목	금	토	일
건강관리	월	화	수	목	금	토	일
스트레칭							
아침식사							

_____ 년 ___ 월 ___ 일 월요일

오늘의 마음관리

● 주제
....
● 내용
....

오늘의 건강관리

●
....
●
....

약속&과제

●
....
●
....

오늘의 목표

실행 체크	우선 순위	내 용

오늘의 활동

● 주변살피기&봉사활동
....
● 용돈 관리
....
● 기타
....

시간별 계획

03:00 ▬
04:00 ▬
05:00 ▬
06:00 ▬
07:00 ▬
08:00 ▬
09:00 ▬
10:00 ▬
11:00 ▬
12:00 ▬
13:00 ▬
14:00 ▬
15:00 ▬
16:00 ▬
17:00 ▬
18:00 ▬
19:00 ▬
20:00 ▬
21:00 ▬
22:00 ▬
23:00 ▬
24:00 ▬
01:00 ▬
02:00 ▬

_____ 년 _____ 월 _____ 일 화요일

오늘의 마음관리

● 주제
....
● 내용
....

오늘의 건강관리

●
....
●
....

약속&과제

●
....
●
....

오늘의 목표

실행 체크	우선 순위	내 용

오늘의 활동

● 주변살피기&봉사활동
....
● 용돈 관리
....
● 기타
....

시간별 계획

시간	
03:00	
04:00	
05:00	
06:00	
07:00	
08:00	
09:00	
10:00	
11:00	
12:00	
13:00	
14:00	
15:00	
16:00	
17:00	
18:00	
19:00	
20:00	
21:00	
22:00	
23:00	
24:00	
01:00	
02:00	

_____ 년 _____ 월 _____ 일 수요일

오늘의 마음관리

● 주제

● 내용

오늘의 건강관리

●

●

약속&과제

●

●

오늘의 목표

실행 체크	우선 순위	내 용

오늘의 활동

● 주변살피기&봉사활동

● 용돈 관리

● 기타

시간별 계획

시간	
03:00	
04:00	
05:00	
06:00	
07:00	
08:00	
09:00	
10:00	
11:00	
12:00	
13:00	
14:00	
15:00	
16:00	
17:00	
18:00	
19:00	
20:00	
21:00	
22:00	
23:00	
24:00	
01:00	
02:00	

_____ 년 ___ 월 ___ 일 목요일

오늘의 마음관리

● 주제

● 내용

오늘의 건강관리

●

●

약속&과제

●

●

오늘의 목표

실행 체크	우선 순위	내 용

오늘의 활동

● 주변살피기&봉사활동

● 용돈 관리

● 기타

시간별 계획

시간	
03:00	
04:00	
05:00	
06:00	
07:00	
08:00	
09:00	
10:00	
11:00	
12:00	
13:00	
14:00	
15:00	
16:00	
17:00	
18:00	
19:00	
20:00	
21:00	
22:00	
23:00	
24:00	
01:00	
02:00	

_____ 년 ___ 월 ___ 일 금요일

오늘의 마음관리

● 주제

● 내용

오늘의 건강관리

●

●

약속&과제

●

●

오늘의 목표

실행 체크	우선 순위	내 용

오늘의 활동

● 주변살피기&봉사활동

● 용돈 관리

● 기타

시간별 계획

03:00 —
04:00 —
05:00 —
06:00 —
07:00 —
08:00 —
09:00 —
10:00 —
11:00 —
12:00 —
13:00 —
14:00 —
15:00 —
16:00 —
17:00 —
18:00 —
19:00 —
20:00 —
21:00 —
22:00 —
23:00 —
24:00 —
01:00 —
02:00 —

_____ 년 ___ 월 ___ 일 토요일

오늘의 마음관리

● 주제

● 내용

오늘의 건강관리

●

●

약속&과제

●

●

오늘의 목표

실행 체크	우선 순위	내 용

오늘의 활동

● 주변살피기&봉사활동

● 용돈 관리

● 기타

시간별 계획

시간	
03:00	
04:00	
05:00	
06:00	
07:00	
08:00	
09:00	
10:00	
11:00	
12:00	
13:00	
14:00	
15:00	
16:00	
17:00	
18:00	
19:00	
20:00	
21:00	
22:00	
23:00	
24:00	
01:00	
02:00	

_____ 년 ___ 월 ___ 일 일요일

오늘의 마음관리

● 주제

● 내용

오늘의 건강관리

●

●

약속&과제

●

●

오늘의 목표

실행 체크	우선 순위	내 용

오늘의 활동

● 주변살피기&봉사활동

● 용돈 관리

● 기타

시간별 계획

시간	
03:00	
04:00	
05:00	
06:00	
07:00	
08:00	
09:00	
10:00	
11:00	
12:00	
13:00	
14:00	
15:00	
16:00	
17:00	
18:00	
19:00	
20:00	
21:00	
22:00	
23:00	
24:00	
01:00	
02:00	

쥐잡기

항공기 산업의 초창기 시절, 모든 것이 새롭고 서툴렀으며 비행 기술은 걸음마 수준이었습니다. 지금과 같은 정교하고 기술적인 항공 기술들은 그 당시에는 전혀 생소한 것들이었지요. 이러한 배경을 염두에 두고 이야기를 들어 보시기 바랍니다.

한 용감한 조종사가 뼈대는 나무이고, 그 뼈대를 감싸는 몸체는 천이었던 참으로 부서지기 쉬운 조잡한 비행기를 타고 세상의 여러 곳을 비행하고 있었습니다. 이륙 뒤, 약 두 시간 정도 비행하고 있는데 비행기 안에서 이상한 소리가 났지요.
이상한 소리가 나는 곳을 찾아서 주위를 둘러보던 조종사는 그만 화들짝 놀라고 말았습니다. 그것은 다름 아닌 쥐가 비행기 안의 무언가를 갉아먹는 소리였기 때문입니다. 비행기가 땅에 착륙해 있는 동안 쥐가 비행기 안으로 들어온 모양이었습니다. 비행기 안의 쥐는 중요한 케이블이나, 조종선, 심지어는 중요한 목재 버팀목 따위를 쉽사리 갉아먹을 수 있기 때문에 아주 위험했습니다.
어떻게 해야 하나? 다음 착륙지까지는 두 시간이나 더 남았는데, 무척 걱정스러운 일이 아닐 수 없었습니다. 계속 비행을 하면서 해결책을 고민하던 조종사에게 한 가지 묘책이 떠올랐습니다. 쥐가 설치류라는 사실을 퍼뜩 깨달은 것이지요. 설치류는 보통 지상이나 땅속에서 살기 때문에 높은 고도에서는 살 수가 없습니다.
그래서 조종사는 비행기를 고도 2만 피트 이상으로 끌어올렸습니다. 그러자 곧 그 소리가 사라졌지요. 바로 그 고도의 대기에서는 쥐가 살아남을 수 없었던 것입니다! 두 시간 뒤, 조종사는 안전하게 다음 착륙지에 도달해서 죽은 쥐를 찾아냈습니다.

사랑하는 여러분, 쥐와 같이 우리의 영혼을 갉아먹는 파괴자들이 있습니다. 걱정 · 두려움 · 부정직 뒤에서 들려오는 온갖 험담 · 분노 · 거짓말 등 이외에도 아주 많은 파괴자들이 있습니다. 어떻게 하면 우리 안에 있는 이런 쥐 같은 존재를 없애 버릴 수 있을까요? 바로 마음관리 시간을 갖는 것입니다. 마음관리 시간이 바로 고도를 높이 올리는 시간입니다. 지금 현재 여러분의 마음속에는 어떤 쥐들이 영혼을 괴롭히고 있나요? 학교 성적, 이성 문제, 집안 형편, 취직 시험 등 다니엘 마음관리 시간을 통해 극복하십시오. 분명 이 시간을 통해 새로운 평안과 기쁨을 얻게 될 것입니다. *^^*

● 느낀점

● 결단

● 다니엘 주간계획(년 월 일 ~ 월 일)

지난주 돌아보기	이번주 핵심체크

주간 공부(핵심)목표

내 삶의 지도⑭ "나는 요즘 잘 살고 있는가?"

-
-
-
-
-
-
-

● 다니엘 주간체크(　　년　월　일 ~　월　일)

시간관리	월	화	수	목	금	토	일
자유시간							
공부계획							
실제공부							
성취도							
마음관리	월	화	수	목	금	토	일
공부관리	월	화	수	목	금	토	일
건강관리	월	화	수	목	금	토	일
스트레칭							
아침식사							

_____ 년 _____ 월 _____ 일 월요일

오늘의 마음관리

● 주제

● 내용

오늘의 건강관리

●

●

약속&과제

●

●

오늘의 목표

실행 체크	우선 순위	내 용

오늘의 활동

● 주변살피기&봉사활동

● 용돈 관리

● 기타

시간별 계획

03:00	
04:00	
05:00	
06:00	
07:00	
08:00	
09:00	
10:00	
11:00	
12:00	
13:00	
14:00	
15:00	
16:00	
17:00	
18:00	
19:00	
20:00	
21:00	
22:00	
23:00	
24:00	
01:00	
02:00	

_____ 년 ___ 월 ___ 일 화요일

오늘의 마음관리

● 주제

● 내용

오늘의 건강관리

●

●

약속&과제

●

●

오늘의 목표

실행 체크	우선 순위	내 용

오늘의 활동

● 주변살피기&봉사활동

● 용돈 관리

● 기타

시간별 계획

시간	
03:00 ▬	
04:00 ▬	
05:00 ▬	
06:00 ▬	
07:00 ▬	
08:00 ▬	
09:00 ▬	
10:00 ▬	
11:00 ▬	
12:00 ▬	
13:00 ▬	
14:00 ▬	
15:00 ▬	
16:00 ▬	
17:00 ▬	
18:00 ▬	
19:00 ▬	
20:00 ▬	
21:00 ▬	
22:00 ▬	
23:00 ▬	
24:00 ▬	
01:00 ▬	
02:00 ▬	

_____ 년 _____ 월 _____ 일 수요일

오늘의 마음관리

● 주제

● 내용

오늘의 건강관리

●

●

약속&과제

●

●

오늘의 목표

실행 체크	우선 순위	내 용

오늘의 활동

● 주변살피기&봉사활동

● 용돈 관리

● 기타

시간별 계획

시간	
03:00	
04:00	
05:00	
06:00	
07:00	
08:00	
09:00	
10:00	
11:00	
12:00	
13:00	
14:00	
15:00	
16:00	
17:00	
18:00	
19:00	
20:00	
21:00	
22:00	
23:00	
24:00	
01:00	
02:00	

_____ 년 ___ 월 ___ 일 목요일

시간별 계획

03:00 —
04:00 —
05:00 —
06:00 —
07:00 —
08:00 —
09:00 —
10:00 —
11:00 —
12:00 —
13:00 —
14:00 —
15:00 —
16:00 —
17:00 —
18:00 —
19:00 —
20:00 —
21:00 —
22:00 —
23:00 —
24:00 —
01:00 —
02:00 —

오늘의 마음관리

◉ 주제

◉ 내용

오늘의 건강관리

◉

◉

약속&과제

◉

◉

오늘의 목표

실행 체크	우선 순위	내 용

오늘의 활동

● 주변살피기&봉사활동

● 용돈 관리

● 기타

_____ 년 _____ 월 _____ 일 금요일

오늘의 마음관리

● 주제

● 내용

오늘의 건강관리

●

●

약속&과제

●

●

오늘의 목표

실행 체크	우선 순위	내 용

오늘의 활동

● 주변살피기&봉사활동

● 용돈 관리

● 기타

시간	
03:00	
04:00	
05:00	
06:00	
07:00	
08:00	
09:00	
10:00	
11:00	
12:00	
13:00	
14:00	
15:00	
16:00	
17:00	
18:00	
19:00	
20:00	
21:00	
22:00	
23:00	
24:00	
01:00	
02:00	

_____ 년 ____ 월 ____ 일 토요일

시간별 계획

오늘의 마음관리

● 주제

● 내용

오늘의 건강관리

●

●

약속&과제

●

●

오늘의 목표

실행 체크	우선 순위	내 용

오늘의 활동

● 주변살피기&봉사활동

● 용돈 관리

● 기타

03:00
04:00
05:00
06:00
07:00
08:00
09:00
10:00
11:00
12:00
13:00
14:00
15:00
16:00
17:00
18:00
19:00
20:00
21:00
22:00
23:00
24:00
01:00
02:00

_____ 년 _____ 월 _____ 일 일요일

오늘의 마음관리

● 주제

● 내용

오늘의 건강관리

●

●

약속&과제

●

●

오늘의 목표

실행 체크	우선 순위	내 용

오늘의 활동

● 주변살피기&봉사활동

● 용돈 관리

● 기타

시간별 계획

시각	
03:00	
04:00	
05:00	
06:00	
07:00	
08:00	
09:00	
10:00	
11:00	
12:00	
13:00	
14:00	
15:00	
16:00	
17:00	
18:00	
19:00	
20:00	
21:00	
22:00	
23:00	
24:00	
01:00	
02:00	

강한 것만 고집하지 말라

브룩클린 다저스의 위대한 투수 샌디 쿠팩스(Sandy Koufax)는 명예의 전당으로 가는 길을 어렵게 시작했습니다. 6년 동안 메이저리그 선수로 뛰면서 36승 40패라는 초라한 성적을 거두었을 뿐입니다. 뛰어난 강속구를 가졌음에도 항상 컨트롤이 문제가 되었습니다. 그런데 그의 야구 인생을 송두리째 바꿔 버리는 일이 일어났습니다. 시즌에 앞서 벌어지는 시범 경기에서 그는 5회 정도만 던지기로 되어 있었는데, 그만 뒤에 나올 투수가 구장으로 오는 비행기를 놓치고 만 것입니다. 이렇게 되자 쿠팩스는 그 경기만큼은 자신이 책임지겠다고 자처했습니다. 투수 코치인 노만 셰리(Norman Sherry)는 쿠팩스로 경기를 마쳐야 한다는 생각에 그에게, '힘을 빼고 강속구를 던지라'고 주문했습니다. 9회까지 던져야 했기에 쿠팩스는 평소보다 힘을 빼고 던지기 시작했습니다.

그런데 쿠팩스는 실로 놀라운 경험을 하게 됩니다. 힘을 약간만 줄여도 강속구는 보다 좋아지고 생명력이 있으며 컨트롤이 잘된다는 사실을 깨달았습니다. 그전까지만 해도 그는 있는 힘을 다해 무조건 힘껏 던져야만 최고의 강속구가 나오는 줄로만 알았습니다. 이 일이 있은 후 쿠팩스는 그의 야구 인생의 역사를 다시 쓰게 되었습니다. 그는 노히트 노런 경기를 한 뒤에 말했습니다.

"시작은 미약했으나 끝은 창대하게 되었다."

요즘 그는 젊은 투수들을 가르치면서 자신이 깨닫기까지 6년이 걸렸고, 마침내 자신의 야구 인생을 송두리째 바꿔 놓았던 교훈, "강한 것만 고집하지 말라"는 말을 자나 깨나 강조하고 있습니다.

쿠팩스의 지혜는 공을 던지는 것뿐만 아니라 공부를 하는 것에 이르기까지 어디에나 적용할 수 있습니다. 고집을 약간만 누그러뜨리면 보다 긴장을 풀 수 있게 되어 선명한 생각을 할 수 있고 어떤 일을 하든지 최고의 성과를 올릴 수 있습니다.

공부와 일이 가장 잘되었던 때를 생각해 보십시오. 긴장을 풀고 평안한 마음에서 자연스럽게 집중할 때가 아니었나요? 무조건 '잘해야 돼, 잘해야 돼.' 이런 강박관념만으로는 최상의 집중을 할 수 없습니다. 오히려 마음의 여유를 가지고 공부할 때 더 짧은 시간에 자신이 원하는 만큼의 공부를 할 수 있습니다. 10%는 마음의 여유를 얻는 데 사용하고 나머지 90%의 힘만을 현재 하는 공부와 일에 집중해 보십시오. 오히려 100%로 공부할 때보다 훨씬 능률도 오르고 마음도 더욱 평안해질 것입니다. 사랑하는 여러분, 너무 의욕만 앞세우지 마시고 10%의 여유를 가지세요. 그 것을 위해 아무리 귀찮고 하기 싫더라도 마음관리 시간을 꼭 우선순위로 하시기를 간곡히 부탁드립니다. ●^^●

● 느낀점

● 결단

●다니엘 주간계획(년 월 일~ 월 일)

지난주 돌아보기	이번주 핵심체크

주간 공부(핵심)목표

내 삶의 지도⑮ "내가 좋아하는 취미는?"

-
-
-
-
-
-
-

● 다니엘 주간체크(년   월   일 ~   월   일)

시간관리	월	화	수	목	금	토	일
자유시간							
공부계획							
실제공부							
성취도							
마음관리	월	화	수	목	금	토	일
공부관리	월	화	수	목	금	토	일
건강관리	월	화	수	목	금	토	일
스트레칭							
아침식사							

_____년 ___월 ___일 월요일

오늘의 마음관리

● 주제
....
● 내용
....

오늘의 건강관리

●
....
●
....

약속&과제

●
....
●
....

오늘의 목표

실행 체크	우선 순위	내 용

오늘의 활동

● 주변살피기&봉사활동
....
● 용돈 관리
....
● 기타
....

시간별 계획	
03:00 ▬	
04:00 ▬	
05:00 ▬	
06:00 ▬	
07:00 ▬	
08:00 ▬	
09:00 ▬	
10:00 ▬	
11:00 ▬	
12:00 ▬	
13:00 ▬	
14:00 ▬	
15:00 ▬	
16:00 ▬	
17:00 ▬	
18:00 ▬	
19:00 ▬	
20:00 ▬	
21:00 ▬	
22:00 ▬	
23:00 ▬	
24:00 ▬	
01:00 ▬	
02:00 ▬	

_____ 년 ____ 월 ____ 일 화요일

시간별 계획

시간	
03:00	
04:00	
05:00	
06:00	
07:00	
08:00	
09:00	
10:00	
11:00	
12:00	
13:00	
14:00	
15:00	
16:00	
17:00	
18:00	
19:00	
20:00	
21:00	
22:00	
23:00	
24:00	
01:00	
02:00	

오늘의 마음관리

● 주제

● 내용

오늘의 건강관리

●

●

약속&과제

●

●

오늘의 목표

실행 체크	우선 순위	내 용

오늘의 활동

● 주변살피기&봉사활동

● 용돈 관리

● 기타

_____ 년 ___ 월 ___ 일 수요일

시간별 계획

오늘의 마음관리

● 주제
....

● 내용
....

오늘의 건강관리

●
....

●
....

약속&과제

●
....

●
....

오늘의 목표

실행 체크	우선 순위	내 용

오늘의 활동

● 주변살피기&봉사활동
....

● 용돈 관리
....

● 기타
....

시간	
03:00	
04:00	
05:00	
06:00	
07:00	
08:00	
09:00	
10:00	
11:00	
12:00	
13:00	
14:00	
15:00	
16:00	
17:00	
18:00	
19:00	
20:00	
21:00	
22:00	
23:00	
24:00	
01:00	
02:00	

_____ 년 _____ 월 _____ 일 목요일

오늘의 마음관리

● 주제

● 내용

오늘의 건강관리

❋

❋

약속&과제

❋

❋

오늘의 목표

실행 체크	우선 순위	내 용

오늘의 활동

● 주변살피기&봉사활동

● 용돈 관리

● 기타

시간별 계획

03:00 —
04:00 —
05:00 —
06:00 —
07:00 —
08:00 —
09:00 —
10:00 —
11:00 —
12:00 —
13:00 —
14:00 —
15:00 —
16:00 —
17:00 —
18:00 —
19:00 —
20:00 —
21:00 —
22:00 —
23:00 —
24:00 —
01:00 —
02:00 —

_____ 년 _____ 월 _____ 일 금요일

오늘의 마음관리

● 주제

● 내용

오늘의 건강관리

●

●

약속&과제

●

●

오늘의 목표

실행 체크	우선 순위	내 용

오늘의 활동

● 주변살피기&봉사활동

● 용돈 관리

● 기타

시간별 계획

시간	
03:00	
04:00	
05:00	
06:00	
07:00	
08:00	
09:00	
10:00	
11:00	
12:00	
13:00	
14:00	
15:00	
16:00	
17:00	
18:00	
19:00	
20:00	
21:00	
22:00	
23:00	
24:00	
01:00	
02:00	

_____ 년 _____ 월 _____ 일 토요일

오늘의 마음관리

● 주제

● 내용

오늘의 건강관리

●

●

약속&과제

●

●

오늘의 목표

실행 체크	우선 순위	내 용

오늘의 활동

● 주변살피기&봉사활동

● 용돈 관리

● 기타

시간별 계획

03:00
04:00
05:00
06:00
07:00
08:00
09:00
10:00
11:00
12:00
13:00
14:00
15:00
16:00
17:00
18:00
19:00
20:00
21:00
22:00
23:00
24:00
01:00
02:00

_____ 년 _____ 월 _____ 일 일요일

오늘의 마음관리

● 주제

● 내용

오늘의 건강관리

●

●

약속&과제

●

●

오늘의 목표

실행 체크	우선 순위	내 용

오늘의 활동

● 주변살피기&봉사활동

● 용돈 관리

● 기타

시간	
03:00	
04:00	
05:00	
06:00	
07:00	
08:00	
09:00	
10:00	
11:00	
12:00	
13:00	
14:00	
15:00	
16:00	
17:00	
18:00	
19:00	
20:00	
21:00	
22:00	
23:00	
24:00	
01:00	
02:00	

목과 등의 통증 및 뻐근할 때*

① 위를 보고 바닥에 눕는다.
② 팔을 뻗고 손바닥을 아래로 하여 양 손바닥을 엉덩이 아래에 놓는다.
③ 숨을 들이마셨다가 내쉬면서 팔꿈치를 바닥에서부터 밀면서 허리와 등을 위로 올린다.
④ 이때 머리를 뒤로 젖히고 등을 동그랗게 만든다.
⑤ 정수리를 살짝 바닥에 놓고 몸의 중심을 팔꿈치와 어깨에 놓는다.
⑥ 15초 유지(호흡은 자연스럽게).
⑦ 숨을 들이마셨다가 내쉬면서 천천히 제자리로 돌아온다.
⑧ 3회 반복.

* 〈다니엘 건강관리법〉 124쪽 참조

● 느낀점

● 결단

● 다니엘 주간계획(년   월   일 ~   월   일)

지난주 돌아보기	이번주 핵심체크

주간 공부(핵심)목표

내 삶의 지도⑯ "나의 비전은 무엇인가?"

-
-
-
-
-
-
-

● 다니엘 주간체크(년   월   일 ~   월   일)

시간관리	월	화	수	목	금	토	일
자유시간							
공부계획							
실제공부							
성취도							
마음관리	월	화	수	목	금	토	일
공부관리	월	화	수	목	금	토	일
건강관리	월	화	수	목	금	토	일
스트레칭							
아침식사							

_____ 년 _____ 월 _____ 일 월요일

오늘의 마음관리

● 주제

● 내용

오늘의 건강관리

●

●

약속&과제

●

●

오늘의 목표

실행 체크	우선 순위	내 용

오늘의 활동

● 주변살피기&봉사활동

● 용돈 관리

● 기타

시간별 계획

시간	
03:00	
04:00	
05:00	
06:00	
07:00	
08:00	
09:00	
10:00	
11:00	
12:00	
13:00	
14:00	
15:00	
16:00	
17:00	
18:00	
19:00	
20:00	
21:00	
22:00	
23:00	
24:00	
01:00	
02:00	

_____ 년 _____ 월 _____ 일 화요일

오늘의 마음관리

● 주제

● 내용

오늘의 건강관리

●

●

약속&과제

●

●

오늘의 목표

실행 체크	우선 순위	내 용

오늘의 활동

● 주변살피기&봉사활동

● 용돈 관리

● 기타

시간별 계획

시간	
03:00	
04:00	
05:00	
06:00	
07:00	
08:00	
09:00	
10:00	
11:00	
12:00	
13:00	
14:00	
15:00	
16:00	
17:00	
18:00	
19:00	
20:00	
21:00	
22:00	
23:00	
24:00	
01:00	
02:00	

_____ 년 ___ 월 ___ 일 수요일

오늘의 마음관리

● 주제

● 내용

오늘의 건강관리

●

●

약속&과제

●

●

오늘의 목표

실행 체크	우선 순위	내 용

오늘의 활동

● 주변살피기&봉사활동

● 용돈 관리

● 기타

시간별 계획

03:00
04:00
05:00
06:00
07:00
08:00
09:00
10:00
11:00
12:00
13:00
14:00
15:00
16:00
17:00
18:00
19:00
20:00
21:00
22:00
23:00
24:00
01:00
02:00

_____ 년 ___ 월 ___ 일 목요일

오늘의 마음관리

● 주제

● 내용

오늘의 건강관리

●

●

약속&과제

●

●

오늘의 목표

실행 체크	우선 순위	내 용

오늘의 활동

● 주변살피기&봉사활동

● 용돈 관리

● 기타

시간별 계획	
03:00	
04:00	
05:00	
06:00	
07:00	
08:00	
09:00	
10:00	
11:00	
12:00	
13:00	
14:00	
15:00	
16:00	
17:00	
18:00	
19:00	
20:00	
21:00	
22:00	
23:00	
24:00	
01:00	
02:00	

_____ 년 ___ 월 ___ 일 금요일

오늘의 마음관리

● 주제
....
● 내용
....

오늘의 건강관리

●
....
●
....

약속&과제

●
....
●
....

오늘의 목표

실행 체크	우선 순위	내 용

오늘의 활동

● 주변살피기&봉사활동
....
● 용돈 관리
....
● 기타
....

시간별 계획

03:00 ―
04:00 ―
05:00 ―
06:00 ―
07:00 ―
08:00 ―
09:00 ―
10:00 ―
11:00 ―
12:00 ―
13:00 ―
14:00 ―
15:00 ―
16:00 ―
17:00 ―
18:00 ―
19:00 ―
20:00 ―
21:00 ―
22:00 ―
23:00 ―
24:00 ―
01:00 ―
02:00 ―

_____ 년 _____ 월 _____ 일 토요일

오늘의 마음관리

● 주제

● 내용

오늘의 건강관리

◎

◎

약속&과제

◎

◎

오늘의 목표

실행 체크	우선 순위	내 용

오늘의 활동

● 주변살피기&봉사활동

● 용돈 관리

● 기타

시간별 계획

03:00 ―	
04:00 ―	
05:00 ―	
06:00 ―	
07:00 ―	
08:00 ―	
09:00 ―	
10:00 ―	
11:00 ―	
12:00 ―	
13:00 ―	
14:00 ―	
15:00 ―	
16:00 ―	
17:00 ―	
18:00 ―	
19:00 ―	
20:00 ―	
21:00 ―	
22:00 ―	
23:00 ―	
24:00 ―	
01:00 ―	
02:00 ―	

_____ 년 _____ 월 _____ 일 일요일

오늘의 마음관리

● 주제

● 내용

오늘의 건강관리

●

●

약속&과제

●

●

오늘의 목표

실행 체크	우선 순위	내 용

오늘의 활동

● 주변살피기&봉사활동

● 용돈 관리

● 기타

시간별 계획	
03:00	
04:00	
05:00	
06:00	
07:00	
08:00	
09:00	
10:00	
11:00	
12:00	
13:00	
14:00	
15:00	
16:00	
17:00	
18:00	
19:00	
20:00	
21:00	
22:00	
23:00	
24:00	
01:00	
02:00	

입을 다스려라

터키 남쪽에 있는 토로스 산맥에는 두루미들이 많이 살고 있는데, 이들이 **꽥꽥거리는** 소리는 유난히 크고 시끄럽다고 합니다. 특히 이 두루미들은 하늘을 날 때 더 큰 소리로 우는데, 이로 인해 많은 두루미들이 독수리에게 잡아먹힌다고 합니다. 때문에 경험이 많아 노련해진 두루미들은 날기 전에 입에 자갈을 문다고 합니다. 자갈을 입에 물면 큰 소리를 내기 힘들기 때문입니다. 우리에게도 노련한 두루미와 같은 지혜가 필요합니다. 우리는 말에 대해 쉽게 생각하는 경향이 있습니다. 그러나 인간관계가 틀어지는 대부분의 원인은 말에 있으며, 말이 주는 상처처럼 오래가는 것도 없습니다.

사랑하는 귀한 여러분, 저는 여러분이 다른 사람에게 상처를 주는 말을 하지 않을 수 있도록 무엇보다 여러분의 혀를 지키기를 바랍니다. 그리고 진실성이 결여된 아첨하는 말은 더더욱 하지 않기를 바랍니다. 요즘 내가 어떤 말을 하는지 가만히 살펴보십시오. 나의 혀에서 어떤 말들이 나오는지를 주목해 보십시오. 진심에서 나오는 말이 아니고는 사람의 마음을 움직일 수 없습니다. 맑은 양심에서 나오는 말이 아니고는 사람의 양심을 꿰뚫을 수 없습니다. 꼭 기억하십시오. 다른 어떤 것보다 여러분의 혀를 꼭 지키십시오. 성공은 바로 여기서 시작됩니다. 오늘부터 새롭게 뜻을 정해 혀를 아름답고 현명하게 지키고 사용하길 간곡히 부탁드립니다. 모두들 힘내세요. *^^*

● 느낀점

● 결단

●다니엘 주간계획(년   월   일 ~   월   일)

지난주 돌아보기	이번주 핵심체크

주간 공부(핵심)목표

내 삶의 지도 ⑰ **"나는 언제 가장 기쁜가?"**

-
-
-
-
-
-
-

● 다니엘 주간체크(년 월 일 ~ 월 일)

시간관리	월	화	수	목	금	토	일
자유시간							
공부계획							
실제공부							
성취도							
마음관리	월	화	수	목	금	토	일
공부관리	월	화	수	목	금	토	일
건강관리	월	화	수	목	금	토	일
스트레칭							
아침식사							

_____ 년 ____ 월 ____ 일 월요일

오늘의 마음관리

● 주제

● 내용

오늘의 건강관리

●

●

약속&과제

●

●

오늘의 목표

실행 체크	우선 순위	내 용

오늘의 활동

● 주변살피기&봉사활동

● 용돈 관리

● 기타

시간별 계획

03:00

04:00

05:00

06:00

07:00

08:00

09:00

10:00

11:00

12:00

13:00

14:00

15:00

16:00

17:00

18:00

19:00

20:00

21:00

22:00

23:00

24:00

01:00

02:00

_____ 년 _____ 월 _____ 일 화요일

시간별 계획

오늘의 마음관리

● 주제

● 내용

오늘의 건강관리

●

●

약속&과제

●

●

오늘의 목표

실행 체크	우선 순위	내 용

오늘의 활동

● 주변살피기&봉사활동

● 용돈 관리

● 기타

시간	
03:00	
04:00	
05:00	
06:00	
07:00	
08:00	
09:00	
10:00	
11:00	
12:00	
13:00	
14:00	
15:00	
16:00	
17:00	
18:00	
19:00	
20:00	
21:00	
22:00	
23:00	
24:00	
01:00	
02:00	

_____ 년 _____ 월 _____ 일 수요일

오늘의 마음관리

● 주제

● 내용

오늘의 건강관리

●

●

약속&과제

●

●

오늘의 목표

실행 체크	우선 순위	내 용

오늘의 활동

● 주변살피기&봉사활동

● 용돈 관리

● 기타

시간별 계획

시간	
03:00	
04:00	
05:00	
06:00	
07:00	
08:00	
09:00	
10:00	
11:00	
12:00	
13:00	
14:00	
15:00	
16:00	
17:00	
18:00	
19:00	
20:00	
21:00	
22:00	
23:00	
24:00	
01:00	
02:00	

_____ 년 _____ 월 _____ 일 목요일

오늘의 마음관리

● 주제

● 내용

오늘의 건강관리

●

●

약속&과제

●

●

오늘의 목표

실행 체크	우선 순위	내 용

오늘의 활동

● 주변살피기&봉사활동

● 용돈 관리

● 기타

시간별 계획

시간	
03:00	
04:00	
05:00	
06:00	
07:00	
08:00	
09:00	
10:00	
11:00	
12:00	
13:00	
14:00	
15:00	
16:00	
17:00	
18:00	
19:00	
20:00	
21:00	
22:00	
23:00	
24:00	
01:00	
02:00	

_____ 년 ___ 월 ___ 일 금요일

오늘의 마음관리

● 주제

● 내용

오늘의 건강관리

●

●

약속&과제

●

●

오늘의 목표

실행 체크	우선 순위	내 용

오늘의 활동

● 주변살피기&봉사활동

● 용돈 관리

● 기타

시간별 계획

시간	
03:00	
04:00	
05:00	
06:00	
07:00	
08:00	
09:00	
10:00	
11:00	
12:00	
13:00	
14:00	
15:00	
16:00	
17:00	
18:00	
19:00	
20:00	
21:00	
22:00	
23:00	
24:00	
01:00	
02:00	

_____ 년 _____ 월 _____ 일 토요일

오늘의 마음관리

● 주제

● 내용

오늘의 건강관리

●

●

약속&과제

●

●

오늘의 목표

실행 체크	우선 순위	내 용

오늘의 활동

● 주변살피기&봉사활동

● 용돈 관리

● 기타

시간별 계획

시각	
03:00	
04:00	
05:00	
06:00	
07:00	
08:00	
09:00	
10:00	
11:00	
12:00	
13:00	
14:00	
15:00	
16:00	
17:00	
18:00	
19:00	
20:00	
21:00	
22:00	
23:00	
24:00	
01:00	
02:00	

_____ 년 ___ 월 ___ 일 일요일

오늘의 마음관리

● 주제

● 내용

오늘의 건강관리

●

●

약속&과제

●

●

오늘의 목표

실행 체크	우선 순위	내 용

오늘의 활동

● 주변살피기&봉사활동

● 용돈 관리

● 기타

시간별 계획	
03:00	
04:00	
05:00	
06:00	
07:00	
08:00	
09:00	
10:00	
11:00	
12:00	
13:00	
14:00	
15:00	
16:00	
17:00	
18:00	
19:00	
20:00	
21:00	
22:00	
23:00	
24:00	
01:00	
02:00	

피아노 건반 이야기

여러분은 한 그루의 나무가 아름다운 음을 내는 피아노 건반이 되기까지 얼마나 많은 과정을 거쳐야 하는지 아십니까?

우선 베임을 당해야 합니다. 그리고 수많은 세월 들판에 방치되어 있으면서 추운 겨울과 더운 여름을 견뎌 내야만 합니다. 그런 과정을 거쳐야만 뒤틀리지 않고 건반 구실을 잘 감당하기 때문입니다. 그리고 잘게 나누어지고, 다듬어집니다. 숙련공들이 작은 건반들을 하나하나 엮어 나가고, 그 외의 중요 장치들이 하나로 묶일 때 피아노가 탄생됩니다. 나무는 이런 시간들을 견뎌 내야 오롯이 소리를 가질 수 있는 것입니다.

여러분의 삶은 어떻습니까? 아름다운 음을 내는 건반이 되기 위해 시련을 감당하고 계십니까? 헬렌 켈러를 기억해 보세요. 헬렌 켈러가 당한 시련은 우리가 상상할 수 없는 것들입니다. 그녀는 그 고통을 어떻게 이겨 냈나요? 물론 좋은 선생님의 도움도 컸습니다. 그러나 그녀 자신의 노력 없이는 불가능한 일이었습니다. 그녀가 하고자 했기에 엄청난 노력과 의지로 이겨 낸 것입니다.

사랑하는 귀한 여러분, 지금 당하는 여러 고난과 시련을 통해 더 큰 꿈과 희망을 바라보기를 간절히 소원합니다. 고난과 실패는 우리를 좌절케 하고 포기하게 만들기 위해 찾아오는 것이 아닙니다. 그것들을 통해 더욱 성숙하고 준비된 진정한 21세기 리더로 여러분을 훈련시키기 위해 찾아오는 것입니다. 조금만 더 힘내세요. 그리고 다시 한 번 도전하세요. 이번 한 주도 내게 주어진 일들을 감사하며 내가 할 수 있는 최선으로 한 주를 보내시기를 부탁드립니다. 늘 희망 안에서 파이팅입니다.*^^*

● 느낀점

● 결단

●다니엘 주간계획(년   월   일 ~   월   일)

지난주 돌아보기	이번주 핵심체크

주간 공부(핵심)목표

내 삶의 지도⑱ "내가 가장 존경하는 인물은?"

-
-
-
-
-
-
-

● 다니엘 주간체크(년   월   일 ~   월   일)

시간관리	월	화	수	목	금	토	일
자유시간							
공부계획							
실제공부							
성취도							
마음관리	월	화	수	목	금	토	일
공부관리	월	화	수	목	금	토	일
건강관리	월	화	수	목	금	토	일
스트레칭							
아침식사							

_____년 ___월 ___일 월요일

오늘의 마음관리

● 주제

● 내용

오늘의 건강관리

●

●

약속&과제

●

●

오늘의 목표

실행 체크	우선 순위	내 용

오늘의 활동

● 주변살피기&봉사활동

● 용돈 관리

● 기타

시간별 계획

시간	
03:00	
04:00	
05:00	
06:00	
07:00	
08:00	
09:00	
10:00	
11:00	
12:00	
13:00	
14:00	
15:00	
16:00	
17:00	
18:00	
19:00	
20:00	
21:00	
22:00	
23:00	
24:00	
01:00	
02:00	

_____ 년 ___ 월 ___ 일 화요일

시간별 계획

03:00
04:00
05:00
06:00
07:00
08:00
09:00
10:00
11:00
12:00
13:00
14:00
15:00
16:00
17:00
18:00
19:00
20:00
21:00
22:00
23:00
24:00
01:00
02:00

오늘의 마음관리

● 주제

● 내용

오늘의 건강관리

●

●

약속&과제

●

●

오늘의 목표

실행 체크	우선 순위	내 용

오늘의 활동

● 주변살피기&봉사활동

● 용돈 관리

● 기타

_____ 년 ___ 월 ___ 일 수요일

시간별 계획

오늘의 마음관리

- 주제
- 내용

오늘의 건강관리

-
-

약속&과제

-
-

오늘의 목표

실행 체크	우선 순위	내 용

오늘의 활동

- 주변살피기&봉사활동
- 용돈 관리
- 기타

시간
03:00
04:00
05:00
06:00
07:00
08:00
09:00
10:00
11:00
12:00
13:00
14:00
15:00
16:00
17:00
18:00
19:00
20:00
21:00
22:00
23:00
24:00
01:00
02:00

_____ 년 ___ 월 ___ 일 목요일

오늘의 마음관리

● 주제

● 내용

오늘의 건강관리

●

●

약속&과제

●

●

오늘의 목표

실행 체크	우선 순위	내 용

오늘의 활동

● 주변살피기&봉사활동

● 용돈 관리

● 기타

시간별 계획

03:00
04:00
05:00
06:00
07:00
08:00
09:00
10:00
11:00
12:00
13:00
14:00
15:00
16:00
17:00
18:00
19:00
20:00
21:00
22:00
23:00
24:00
01:00
02:00

_____ 년 ___ 월 ___ 일 금요일

시간별 계획

03:00
04:00
05:00
06:00
07:00
08:00
09:00
10:00
11:00
12:00
13:00
14:00
15:00
16:00
17:00
18:00
19:00
20:00
21:00
22:00
23:00
24:00
01:00
02:00

오늘의 마음관리

● 주제

● 내용

오늘의 건강관리

●

●

약속&과제

●

●

오늘의 목표

실행 체크	우선 순위	내 용

오늘의 활동

● 주변살피기&봉사활동

● 용돈 관리

● 기타

_____ 년 _____ 월 _____ 일 토요일

오늘의 마음관리

● 주제

● 내용

오늘의 건강관리

●

●

약속&과제

●

●

오늘의 목표

실행 체크	우선 순위	내 용

오늘의 활동

● 주변살피기&봉사활동

● 용돈 관리

● 기타

시간별 계획

03:00 ━	
04:00 ━	
05:00 ━	
06:00 ━	
07:00 ━	
08:00 ━	
09:00 ━	
10:00 ━	
11:00 ━	
12:00 ━	
13:00 ━	
14:00 ━	
15:00 ━	
16:00 ━	
17:00 ━	
18:00 ━	
19:00 ━	
20:00 ━	
21:00 ━	
22:00 ━	
23:00 ━	
24:00 ━	
01:00 ━	
02:00 ━	

_____ 년 ___ 월 ___ 일 일요일

오늘의 마음관리

● 주제

● 내용

오늘의 건강관리

●

●

약속&과제

●

●

오늘의 목표

실행 체크	우선 순위	내 용

오늘의 활동

● 주변살피기&봉사활동

● 용돈 관리

● 기타

시간별 계획	
03:00	
04:00	
05:00	
06:00	
07:00	
08:00	
09:00	
10:00	
11:00	
12:00	
13:00	
14:00	
15:00	
16:00	
17:00	
18:00	
19:00	
20:00	
21:00	
22:00	
23:00	
24:00	
01:00	
02:00	

도도새

인도양의 외딴 섬에 도도라고 불리는 새들이 살고 있었습니다. 도도새는 모양새가 우스꽝스러웠습니다. 게다가 도도새의 고기는 끓이면 끓일수록 질겨지고 맛이 없었습니다. 그래서 사람들은 도도새를 아무짝에도 쓸모없는 것으로 여겼습니다. 그러나 도도새가 멸종되고 나자 그 섬에서 자라고 있던 갈바리야라는 나무가 더 이상 번식하지 않는다는 것을 알게 되었습니다. 갈바리야 나무의 씨앗은 껍질이 너무 두껍기 때문에 도도새에게 먹혀서 배설물로 나와야만 싹이 틀 수 있었던 것입니다.

모든 것에는 그 나름의 존재 가치가 있습니다. 사람은 더더욱 그렇습니다. 사랑하는 귀한 여러분, 쓸모없는 사람은 이 세상에 단 한 사람도 없습니다. 한 사람 한 사람이 모두 귀한 존재입니다. 여러분 각자에게 주어진 귀한 재능이 있습니다. 자신의 재능을 우습게 여기고 방치하지 마십시오. 그것만큼 어리석은 행동은 없습니다.

세상의 기준으로 보았을 때 현재 나의 모습이 도도새처럼 아주 못생기고 우스꽝스럽고 별로 쓸모없는 것처럼 보여도 여러분의 진정한 가치는 그 누구도 대신할 수 없습니다. 매일 마음관리 시간을 통해 자신의 진정한 재능과 가치를 새롭게 발견하십시오. 새롭게 발견한 자신의 가치와 재능 그리고 가능성을 생명처럼 소중히 여기십시오. 그리고 그것을 계발시키고 훈련하는 일을 게을리 마십시오. 큰 그릇은 더디게 만들어지는 법입니다. 힘내세요. 그럴수록 더욱더 힘내세요. 이번 한 주도 새롭게 뜻을 정해 자신의 재능에 집중하여 꿈을 향해 달려 나가시길 간곡히 부탁합니다. 모두들 파이팅입니다. •^^•

● 느낀점

● 결단

●다니엘 주간계획(년 월 일 ~ 월 일)

지난주 돌아보기	이번주 핵심체크

주간 공부(핵심)목표

내 삶의 지도⑲ "내가 가장 갖고 싶은 것은?"

-
-
-
-
-
-
-

●다니엘 주간체크(년 월 일 ~ 월 일)

시간관리	월	화	수	목	금	토	일
자유시간							
공부계획							
실제공부							
성취도							
마음관리	월	화	수	목	금	토	일
공부관리	월	화	수	목	금	토	일
건강관리	월	화	수	목	금	토	일
스트레칭							
아침식사							

_____ 년 _____ 월 _____ 일 월요일

오늘의 마음관리

● 주제

● 내용

오늘의 건강관리

●

●

약속&과제

●

●

오늘의 목표

실행 체크	우선 순위	내 용

오늘의 활동

● 주변살피기&봉사활동

● 용돈 관리

● 기타

시간별 계획

시간	
03:00	
04:00	
05:00	
06:00	
07:00	
08:00	
09:00	
10:00	
11:00	
12:00	
13:00	
14:00	
15:00	
16:00	
17:00	
18:00	
19:00	
20:00	
21:00	
22:00	
23:00	
24:00	
01:00	
02:00	

_____ 년 _____ 월 _____ 일 화요일

오늘의 마음관리

● 주제

● 내용

오늘의 건강관리

●

●

약속&과제

●

●

오늘의 목표

실행 체크	우선 순위	내 용

오늘의 활동

● 주변살피기&봉사활동

● 용돈 관리

● 기타

시간별 계획

시간	
03:00	
04:00	
05:00	
06:00	
07:00	
08:00	
09:00	
10:00	
11:00	
12:00	
13:00	
14:00	
15:00	
16:00	
17:00	
18:00	
19:00	
20:00	
21:00	
22:00	
23:00	
24:00	
01:00	
02:00	

_____ 년 ___ 월 ___ 일 수요일

오늘의 마음관리

● 주제

....

● 내용

....

오늘의 건강관리

●

....

●

....

약속&과제

●

....

●

....

오늘의 목표

실행 체크	우선 순위	내 용

오늘의 활동

● 주변살피기&봉사활동

....

● 용돈 관리

....

● 기타

....

시간별 계획

시간	
03:00	
04:00	
05:00	
06:00	
07:00	
08:00	
09:00	
10:00	
11:00	
12:00	
13:00	
14:00	
15:00	
16:00	
17:00	
18:00	
19:00	
20:00	
21:00	
22:00	
23:00	
24:00	
01:00	
02:00	

_____ 년 _____ 월 _____ 일 목요일

오늘의 마음관리

● 주제
....
● 내용
....

오늘의 건강관리

●
....
●
....

약속&과제

●
....
●
....

오늘의 목표

실행 체크	우선 순위	내 용

오늘의 활동

● 주변살피기&봉사활동
....
● 용돈 관리
....
● 기타
....

시간별 계획

시간	
03:00	
04:00	
05:00	
06:00	
07:00	
08:00	
09:00	
10:00	
11:00	
12:00	
13:00	
14:00	
15:00	
16:00	
17:00	
18:00	
19:00	
20:00	
21:00	
22:00	
23:00	
24:00	
01:00	
02:00	

_____ 년 ___ 월 ___ 일 금요일

오늘의 마음관리

● 주제

● 내용

오늘의 건강관리

●

●

약속&과제

●

●

오늘의 목표

실행 체크	우선 순위	내 용

오늘의 활동

● 주변살피기&봉사활동

● 용돈 관리

● 기타

시간별 계획

03:00
04:00
05:00
06:00
07:00
08:00
09:00
10:00
11:00
12:00
13:00
14:00
15:00
16:00
17:00
18:00
19:00
20:00
21:00
22:00
23:00
24:00
01:00
02:00

_____ 년 ____ 월 ___ 일 토요일

시간별 계획

03:00
04:00
05:00
06:00
07:00
08:00
09:00
10:00
11:00
12:00
13:00
14:00
15:00
16:00
17:00
18:00
19:00
20:00
21:00
22:00
23:00
24:00
01:00
02:00

오늘의 마음관리

● 주제

● 내용

오늘의 건강관리

●

●

약속&과제

●

●

오늘의 목표

실행 체크	우선 순위	내 용

오늘의 활동

● 주변살피기&봉사활동

● 용돈 관리

● 기타

_____ 년 ___ 월 ___ 일 일요일

시간별 계획

오늘의 마음관리

● 주제

● 내용

오늘의 건강관리

●

●

약속&과제

●

●

오늘의 목표

실행 체크	우선 순위	내 용

오늘의 활동

● 주변살피기&봉사활동

● 용돈 관리

● 기타

03:00

04:00

05:00

06:00

07:00

08:00

09:00

10:00

11:00

12:00

13:00

14:00

15:00

16:00

17:00

18:00

19:00

20:00

21:00

22:00

23:00

24:00

01:00

02:00

공부를 잘할 수 있는 다섯 가지 방법

널리 배우고, 자세히 묻고, 신중하게 생각하고, 밝게 분변하고, 독실하게 실천해야 한다. 이 다섯 가지 중에 하나라도 빠뜨린다면 올바른 공부가 아니다.

－정자精子

여러분 스스로에게 물어보세요.

1. 현재 나는 모든 수업 시간에 집중하여 널리 배우고 있는가?
2. 현재 나는 모르는 것이 있을 때 그냥 넘어가지 않고 알 때까지 친구 혹은 선생님께 묻고 있는가?
3. 오늘 배운 내용들을 복습하며 신중하게 생각하고 또 생각하고 있는가?
4. 내가 배운 내용들과 공부한 내용들을 더 깊이 이해하고 내 것으로 만들기 위해 냉철하게 분별력을 가지고 받아들이고 있는가?
5. 내가 세운 꿈과 희망을 위해 결심한 나만의 계획을 힘들어도 꾹 참고 성실하게 실천하고 있는가?

이 다섯 가지를 여러분이 다 지킬 수만 있다면 여러분은 세계의 가고자 하는 모든 대학 모든 학과에 무난히 들어갈 수 있습니다. 이것은 위대한 방법들입니다. 간결하지만 공부를 잘할 수 있는 방법들이 모두 들어 있습니다.

사랑하는 귀한 여러분, 시간이 참 빠르지요. 새해를 시작한 지가 엊그제 같은데 벌써 시간이 많이 지났습니다. 요즘 여러분의 학업, 일, 상태를 점검해 보세요. 그리고 혹시 부족한 부분들이 있다면 다시금 뜻을 정해 오늘부터 새롭게 시작해 보세요. 진정한 리더가 된다는 것은 정말 생각만 해도 가슴 설레며 위대한 삶의 목표입니다. 마음이 따뜻하면서도 실력이 있는 사람은 정말 드뭅니다. 그런 사람이 된다는 것은 이 세상에서 꼭 필요한 사람이 된다는 것을 의미합니다. 부디 힘드서도 보다 높은 꿈과 희망을 바라보며 다시금 뜻을 정해 힘을 내시기를 부탁드립니다. 모두들 힘내세요. 이번 한 주도 파이팅입니다. ＊^^＊

●느낀점

●결단

● 다니엘 주간계획(년 월 일~ 월 일)

지난주 돌아보기	이번주 핵심체크

주간 공부(핵심)목표

내 삶의 지도 ⑳ **"내가 가장 좋아하는 일은?"**

-
-
-
-
-
-
-

● 다니엘 주간체크(년   월   일 ~   월   일)

시간관리	월	화	수	목	금	토	일
자유시간							
공부계획							
실제공부							
성취도							
마음관리	월	화	수	목	금	토	일
공부관리	월	화	수	목	금	토	일
건강관리	월	화	수	목	금	토	일
스트레칭							
아침식사							

_____ 년 ___ 월 ___ 일 월요일

오늘의 마음관리

● 주제

● 내용

오늘의 건강관리

●

●

약속&과제

●

●

오늘의 목표

실행 체크	우선 순위	내 용

오늘의 활동

● 주변살피기&봉사활동

● 용돈 관리

● 기타

시간	
03:00	
04:00	
05:00	
06:00	
07:00	
08:00	
09:00	
10:00	
11:00	
12:00	
13:00	
14:00	
15:00	
16:00	
17:00	
18:00	
19:00	
20:00	
21:00	
22:00	
23:00	
24:00	
01:00	
02:00	

_____ 년 _____ 월 _____ 일 화요일

오늘의 마음관리

◈ 주제

◈ 내용

오늘의 건강관리

◈

◈

약속&과제

◈

◈

오늘의 목표

실행 체크	우선 순위	내 용

오늘의 활동

◈ 주변살피기&봉사활동

◈ 용돈 관리

◈ 기타

시간별 계획

시간	
03:00	
04:00	
05:00	
06:00	
07:00	
08:00	
09:00	
10:00	
11:00	
12:00	
13:00	
14:00	
15:00	
16:00	
17:00	
18:00	
19:00	
20:00	
21:00	
22:00	
23:00	
24:00	
01:00	
02:00	

_____ 년 _____ 월 _____ 일 수요일

오늘의 마음관리

● 주제

● 내용

오늘의 건강관리

●

●

약속&과제

●

●

오늘의 목표

실행 체크	우선 순위	내 용

오늘의 활동

● 주변살피기&봉사활동

● 용돈 관리

● 기타

시간별 계획

03:00 —
04:00 —
05:00 —
06:00 —
07:00 —
08:00 —
09:00 —
10:00 —
11:00 —
12:00 —
13:00 —
14:00 —
15:00 —
16:00 —
17:00 —
18:00 —
19:00 —
20:00 —
21:00 —
22:00 —
23:00 —
24:00 —
01:00 —
02:00 —

_____ 년 _____ 월 _____ 일 목요일

시간별 계획

03:00 —	
04:00 —	
05:00 —	

오늘의 마음관리

● 주제

● 내용

오늘의 건강관리

●

●

약속&과제

●

●

오늘의 목표

실행 체크	우선 순위	내 용

오늘의 활동

● 주변살피기&봉사활동

● 용돈 관리

● 기타

06:00 —
07:00 —
08:00 —
09:00 —
10:00 —
11:00 —
12:00 —
13:00 —
14:00 —
15:00 —
16:00 —
17:00 —
18:00 —
19:00 —
20:00 —
21:00 —
22:00 —
23:00 —
24:00 —
01:00 —
02:00 —

_____ 년 _____ 월 _____ 일 금요일

오늘의 마음관리

● 주제

● 내용

오늘의 건강관리

●

●

약속&과제

●

●

오늘의 목표

실행 체크	우선 순위	내 용

오늘의 활동

● 주변살피기&봉사활동

● 용돈 관리

● 기타

시각	
03:00	
04:00	
05:00	
06:00	
07:00	
08:00	
09:00	
10:00	
11:00	
12:00	
13:00	
14:00	
15:00	
16:00	
17:00	
18:00	
19:00	
20:00	
21:00	
22:00	
23:00	
24:00	
01:00	
02:00	

_____ 년 _____ 월 _____ 일 토요일

오늘의 마음관리

● 주제

● 내용

오늘의 건강관리

●

●

약속&과제

●

●

오늘의 목표

실행 체크	우선 순위	내 용

오늘의 활동

● 주변살피기&봉사활동

● 용돈 관리

● 기타

시간별 계획

03:00	
04:00	
05:00	
06:00	
07:00	
08:00	
09:00	
10:00	
11:00	
12:00	
13:00	
14:00	
15:00	
16:00	
17:00	
18:00	
19:00	
20:00	
21:00	
22:00	
23:00	
24:00	
01:00	
02:00	

_____ 년 _____ 월 _____ 일 일요일

오늘의 마음관리

● 주제

● 내용

오늘의 건강관리

●

●

약속&과제

●

●

오늘의 목표

실행 체크	우선 순위	내 용

오늘의 활동

● 주변살피기&봉사활동

● 용돈 관리

● 기타

시간별 계획	
03:00	
04:00	
05:00	
06:00	
07:00	
08:00	
09:00	
10:00	
11:00	
12:00	
13:00	
14:00	
15:00	
16:00	
17:00	
18:00	
19:00	
20:00	
21:00	
22:00	
23:00	
24:00	
01:00	
02:00	

늦더라도 차근차근, 단계별 실천이 중요합니다 (고3 이민정)

제가 '다니엘 아침형 학습법'을 처음 접한 것은 중학생 때였습니다. 그러나 그 때는 20분 동안 마음관리 하는 것도 하는 둥 마는 둥 하면서 그저 아침에 일찍 일어나 공부하면 좋은 것인 줄 알고 새벽 일찍 일어나 공부했습니다. 하지만 마음관리를 하지 않고 새벽에 공부를 하면 조는 날이 다반수였습니다. 그래서 저는 중학생 때 일찌감치 다니엘 학습법을 포기했습니다.

하지만 고3이 되고 나니 그동안 제가 해온 방식으로 공부를 하게 되면 원하는 학교와 과에 들어가기 힘들 것이라고 생각했습니다. 그래서 다니엘 아침형 학습법을 다시 시작했는데 매일 아침마다 꼬박꼬박 마음관리도 열심히 하였습니다. 처음에는 새벽에 일어나는 것이 힘들어 원래 일어나던 시간에서 일주일 동안 10분씩 앞당겨서 7단계까지 올라갔습니다. 차근차근 시간을 앞당긴 덕분에 새벽에 조는 일도 많이 없어졌습니다.

아침에 졸던 시간이 점차 수학을 공부하는 시간으로 늘어나면서 수학에 대한 즐거움도 알게 되었습니다. 다니엘 아침형 학습법을 하기 전에 저는 다른 모든 공부를 끝내고 수학공부를 했습니다. 그러나 저녁시간에 수학을 공부할 때는 집중도 잘되지 않고 계산 실수도 많고 가장 중요한 것은 많은 문제를 풀지 못했습니다. 하지만 아침에 수학공부를 할 때 가장 좋은 점은 주위가 조용하기 때문에 집중이 잘된다는 것이었습니다. 집중이 잘되기 때문에 계산 실수도 거의 안하게 되었습니다. 집중을 하게 되니까 같은 문제도 짧은 시간에 해결할 수 있었고 정답을 알아내는 재미가 쏠쏠함을 느끼게 되었습니다.

다니엘 아침형 학습법을 하면서 가장 중요한 것은 마음관리였습니다. 제가 중3 때 마음관리를 제대로 하지 않아서 실패했었기 때문에 지금은 열심히 마음관리를 하고 있습니다. 그 덕분에 지금은 마음을 다잡고 더 큰 꿈을 향해 공부에 흥미를 갖고 열심히 하고 있습니다. 다니엘 아침형 학습법을 하면서 힘드시거나 어려우신 분들 또는 다니엘 아침형 학습법을 처음 시도하려는 분들께 꼭 말씀드리고 싶습니다. 끝까지 포기하지 마시고 인내심을 갖고 차근차근 한 단계씩 실천해 보십시오. 반드시 여러분의 꿈이 현실로 이루어지는 날이 올 것입니다.

● 느낀점

● 결단

● 다니엘 주간계획(년   월   일 ~   월   일)

지난주 돌아보기	이번주 핵심체크

주간 공부(핵심)목표

내 삶의 지도 ㉑ **"내가 꼭 하고 싶은 일은?"**

●
●
●
●
●
●
●

●다니엘 주간체크(년 월 일 ~ 월 일)

시간관리	월	화	수	목	금	토	일
자유시간							
공부계획							
실제공부							
성취도							
마음관리	월	화	수	목	금	토	일
공부관리	월	화	수	목	금	토	일
건강관리	월	화	수	목	금	토	일
스트레칭							
아침식사							

_____ 년 _____ 월 _____ 일 월요일

오늘의 마음관리

● 주제

● 내용

오늘의 건강관리

●

●

약속&과제

●

●

오늘의 목표

실행 체크	우선 순위	내 용

오늘의 활동

● 주변살피기&봉사활동

● 용돈 관리

● 기타

시간별 계획

03:00	
04:00	
05:00	
06:00	
07:00	
08:00	
09:00	
10:00	
11:00	
12:00	
13:00	
14:00	
15:00	
16:00	
17:00	
18:00	
19:00	
20:00	
21:00	
22:00	
23:00	
24:00	
01:00	
02:00	

_____ 년 _____ 월 _____ 일 화요일

시간별 계획

시간	
03:00	
04:00	
05:00	
06:00	
07:00	
08:00	
09:00	
10:00	
11:00	
12:00	
13:00	
14:00	
15:00	
16:00	
17:00	
18:00	
19:00	
20:00	
21:00	
22:00	
23:00	
24:00	
01:00	
02:00	

오늘의 마음관리

● 주제

● 내용

오늘의 건강관리

●

●

약속&과제

●

●

오늘의 목표

실행 체크	우선 순위	내 용

오늘의 활동

● 주변살피기&봉사활동

● 용돈 관리

● 기타

_____ 년 ___ 월 ___ 일 수요일

시간별 계획

오늘의 마음관리

● 주제

● 내용

오늘의 건강관리

●

●

약속&과제

●

●

오늘의 목표

실행 체크	우선 순위	내 용

오늘의 활동

● 주변살피기&봉사활동

● 용돈 관리

● 기타

03:00

04:00

05:00

06:00

07:00

08:00

09:00

10:00

11:00

12:00

13:00

14:00

15:00

16:00

17:00

18:00

19:00

20:00

21:00

22:00

23:00

24:00

01:00

02:00

_____ 년 _____ 월 _____ 일 목요일

오늘의 마음관리

● 주제

● 내용

오늘의 건강관리

●

●

약속&과제

●

●

오늘의 목표

실행 체크	우선 순위	내 용

오늘의 활동

● 주변살피기&봉사활동

● 용돈 관리

● 기타

시간별 계획

시간	계획
03:00	
04:00	
05:00	
06:00	
07:00	
08:00	
09:00	
10:00	
11:00	
12:00	
13:00	
14:00	
15:00	
16:00	
17:00	
18:00	
19:00	
20:00	
21:00	
22:00	
23:00	
24:00	
01:00	
02:00	

_____년 ___월 ___일 금요일

오늘의 마음관리

● 주제

● 내용

오늘의 건강관리

●

●

약속&과제

●

●

오늘의 목표

실행 체크	우선 순위	내 용

오늘의 활동

● 주변살피기&봉사활동

● 용돈 관리

● 기타

시간별 계획

시간	
03:00	
04:00	
05:00	
06:00	
07:00	
08:00	
09:00	
10:00	
11:00	
12:00	
13:00	
14:00	
15:00	
16:00	
17:00	
18:00	
19:00	
20:00	
21:00	
22:00	
23:00	
24:00	
01:00	
02:00	

_____년 ___월 ___일 토요일

오늘의 마음관리

● 주제

● 내용

오늘의 건강관리

●

●

약속&과제

●

●

오늘의 목표

실행 체크	우선 순위	내 용

오늘의 활동

● 주변살피기&봉사활동

● 용돈 관리

● 기타

시간별 계획

03:00	
04:00	
05:00	
06:00	
07:00	
08:00	
09:00	
10:00	
11:00	
12:00	
13:00	
14:00	
15:00	
16:00	
17:00	
18:00	
19:00	
20:00	
21:00	
22:00	
23:00	
24:00	
01:00	
02:00	

_____ 년 ____ 월 ____ 일 일요일

오늘의 마음관리

● 주제

● 내용

오늘의 건강관리

●

●

약속&과제

●

●

오늘의 목표

실행 체크	우선 순위	내 용

오늘의 활동

● 주변살피기&봉사활동

● 용돈 관리

● 기타

시간별 계획
03:00
04:00
05:00
06:00
07:00
08:00
09:00
10:00
11:00
12:00
13:00
14:00
15:00
16:00
17:00
18:00
19:00
20:00
21:00
22:00
23:00
24:00
01:00
02:00

칭찬의 힘

어느 택시 회사에 성미가 무척 까다로워 직장 전체의 분위기를 우울하게 만드는 한 수리공이 있었습니다. 그러던 어느 날 인사 과장이 그 사람의 해고 문제를 사장에게 정식으로 건의했습니다. 그러나 사장은 그 사람이 얼마나 완벽하게 일을 해내고 있는지에 대해 칭찬하면서 그 일을 없었던 것으로 하자고 말했습니다. 사장의 이야기는 머지않아 수리공의 귀에까지 들어가게 되었습니다. 그리고 얼마 후 놀랍게도 그는 유능하고 유머 있는 사람으로 변하여 동료들의 인기를 한 몸에 받았습니다. 이처럼 칭찬에는 사람을 변화시키는 힘이 있습니다.

사랑하는 귀한 여러분, 혹시 여러분 주변에 여러분의 마음에 거슬리는 사람이 있나요? 그래서 많이 속상하고 언젠가 반드시 갚아 주겠다고 생각하고 있나요? 그 사람에게 확실히 갚아 줄 수 있는 방법이 있습니다. 바로 그 사람이 가진 장점과 재능에 대하여 깊이 관찰한 후에 남들에게 그 사람에 대한 칭찬을 해 주는 것입니다.

꼭 기억하십시오. 여러분의 현명한 칭찬 한마디가 사람의 인생을 변화시킬 수 있다는 것을요. 이번 한 주도 힘차게 시작하세요. 모두들 희망 안에서 파이팅입니다. •^^•

●느낀점

●결단

●다니엘 주간계획(년 월 일 ~ 월 일)

지난주 돌아보기	이번주 핵심체크

주간 공부(핵심)목표

내 삶의 지도㉒ **"나를 가장 알아주는 사람은?"**

-
-
-
-
-
-
-

● 다니엘 주간체크(년 월 일~ 월 일)

시간관리	월	화	수	목	금	토	일
자유시간							
공부계획							
실제공부							
성취도							
마음관리	월	화	수	목	금	토	일
공부관리	월	화	수	목	금	토	일
건강관리	월	화	수	목	금	토	일
스트레칭							
아침식사							

_____ 년 ____ 월 ____ 일 월요일

오늘의 마음관리

● 주제

● 내용

오늘의 건강관리

●

●

약속&과제

●

●

오늘의 목표

실행 체크	우선 순위	내 용

오늘의 활동

● 주변살피기&봉사활동

● 용돈 관리

● 기타

시간별 계획

시간	
03:00	
04:00	
05:00	
06:00	
07:00	
08:00	
09:00	
10:00	
11:00	
12:00	
13:00	
14:00	
15:00	
16:00	
17:00	
18:00	
19:00	
20:00	
21:00	
22:00	
23:00	
24:00	
01:00	
02:00	

_____ 년 ___ 월 ___ 일 화요일

오늘의 마음관리

● 주제

● 내용

오늘의 건강관리

●

●

약속&과제

●

●

오늘의 목표

실행 체크	우선 순위	내 용

오늘의 활동

● 주변살피기&봉사활동

● 용돈 관리

● 기타

시간별 계획

03:00	
04:00	
05:00	
06:00	
07:00	
08:00	
09:00	
10:00	
11:00	
12:00	
13:00	
14:00	
15:00	
16:00	
17:00	
18:00	
19:00	
20:00	
21:00	
22:00	
23:00	
24:00	
01:00	
02:00	

_____ 년 _____ 월 _____ 일 수요일

오늘의 마음관리

● 주제

● 내용

오늘의 건강관리

●

●

약속&과제

●

●

오늘의 목표

실행 체크	우선 순위	내 용

오늘의 활동

● 주변살피기&봉사활동

● 용돈 관리

● 기타

시간별 계획

시간	
03:00	
04:00	
05:00	
06:00	
07:00	
08:00	
09:00	
10:00	
11:00	
12:00	
13:00	
14:00	
15:00	
16:00	
17:00	
18:00	
19:00	
20:00	
21:00	
22:00	
23:00	
24:00	
01:00	
02:00	

_____ 년 ___ 월 ___ 일 목요일

오늘의 마음관리

◉ 주제

◉ 내용

오늘의 건강관리

◉

◉

약속&과제

◉

◉

오늘의 목표

실행 체크	우선 순위	내 용

오늘의 활동

◉ 주변살피기&봉사활동

◉ 용돈 관리

◉ 기타

시간별 계획

03:00	
04:00	
05:00	
06:00	
07:00	
08:00	
09:00	
10:00	
11:00	
12:00	
13:00	
14:00	
15:00	
16:00	
17:00	
18:00	
19:00	
20:00	
21:00	
22:00	
23:00	
24:00	
01:00	
02:00	

_____ 년 _____ 월 _____ 일 금요일

오늘의 마음관리

● 주제

● 내용

오늘의 건강관리

●

●

약속&과제

●

●

오늘의 목표

실행 체크	우선 순위	내 용

오늘의 활동

● 주변살피기&봉사활동

● 용돈 관리

● 기타

시간별 계획

시간	
03:00	
04:00	
05:00	
06:00	
07:00	
08:00	
09:00	
10:00	
11:00	
12:00	
13:00	
14:00	
15:00	
16:00	
17:00	
18:00	
19:00	
20:00	
21:00	
22:00	
23:00	
24:00	
01:00	
02:00	

_____년 _____월 _____일 토요일

오늘의 마음관리

● 주제

● 내용

오늘의 건강관리

●

●

약속&과제

●

●

오늘의 목표

실행 체크	우선 순위	내 용

오늘의 활동

● 주변살피기&봉사활동

● 용돈 관리

● 기타

시간별 계획

03:00 ―

04:00 ―

05:00 ―

06:00 ―

07:00 ―

08:00 ―

09:00 ―

10:00 ―

11:00 ―

12:00 ―

13:00 ―

14:00 ―

15:00 ―

16:00 ―

17:00 ―

18:00 ―

19:00 ―

20:00 ―

21:00 ―

22:00 ―

23:00 ―

24:00 ―

01:00 ―

02:00 ―

_____ 년 _____ 월 _____ 일 일요일

시간별 계획

오늘의 마음관리

● 주제

● 내용

오늘의 건강관리

●

●

약속&과제

●

●

오늘의 목표

실행 체크	우선 순위	내 용

오늘의 활동

● 주변살피기&봉사활동

● 용돈 관리

● 기타

03:00

04:00

05:00

06:00

07:00

08:00

09:00

10:00

11:00

12:00

13:00

14:00

15:00

16:00

17:00

18:00

19:00

20:00

21:00

22:00

23:00

24:00

01:00

02:00

인생의 고독기

프랑스의 공학자였던 훼르디난드 마리 드레셉이 지중해를 여행하고 있었습니다. 그런데 함께 여행 중이던 동료 한 사람이 갑자기 전염병을 앓게 되어, 그들이 탄 배가 격리 조치 되었습니다. 드레셉은 격리 상태로 인해 심한 좌절감과 고통을 겪었습니다.

그러던 중 홍해와 지중해를 잇는 운하 건설 가능성에 대해 연구한 찰스 레페레의 『회고록』을 읽게 되었습니다. 그리고 그것이 계기가 되어 수에즈 운하 건설에 대한 세부 계획을 세우게 되었습니다. 그로부터 37년 만에 드레셉은 그 유명한 수에즈 운하를 완공하게 됩니다.

사랑하는 귀한 여러분 한 사람의 진정한 리더가 탄생되기 위해서는 '인생의 고독기', 즉 '준비 기간'이 필요합니다. 헬렌 켈러를 보십시오. 그녀는 자신의 장애를 극복하기 위해 수없이 많은 시련의 준비 기간을 거쳤습니다. 더 놀고 싶고 더 자고 싶고 더 쉬고 싶은 마음 우리 누구나 다 가지고 있습니다. 하지만 우리에게는 더 큰 꿈과 희망이 있습니다. 그것을 위해서라면 참을 수 있어야 합니다.

사랑하는 귀한 여러분, 모두가 준비 기간을 겸손하고 성실하고 지혜롭게 보내시기를 간절히 소원합니다. 꼭 기억하십시오. 여러분이 준비 기간을 어떻게 보내느냐에 따라 그 뒤에 펼쳐질 새로운 세계가 달라진다는 것을. 이번 한 주도 모든 일에 감사하면서 힘내세요. *^^*

● 느낀점

● 결단

●다니엘 주간계획(년 월 일 ~ 월 일)

지난주 돌아보기	이번주 핵심체크

주간 공부(핵심)목표

내 삶의 지도㉓ "힘들 때 위로가 되는 것은?"

-
-
-
-
-
-
-

● 다니엘 주간체크(년 월 일 ~ 월 일)

시간관리	월	화	수	목	금	토	일
자유시간							
공부계획							
실제공부							
성취도							
마음관리	월	화	수	목	금	토	일
공부관리	월	화	수	목	금	토	일
건강관리	월	화	수	목	금	토	일
스트레칭							
아침식사							

_____ 년 ____ 월 ____ 일 월요일

오늘의 마음관리

● 주제

● 내용

오늘의 건강관리

●

●

약속&과제

●

●

오늘의 목표

실행 체크	우선 순위	내 용

오늘의 활동

● 주변살피기&봉사활동

● 용돈 관리

● 기타

시간별 계획

시간	
03:00	
04:00	
05:00	
06:00	
07:00	
08:00	
09:00	
10:00	
11:00	
12:00	
13:00	
14:00	
15:00	
16:00	
17:00	
18:00	
19:00	
20:00	
21:00	
22:00	
23:00	
24:00	
01:00	
02:00	

_____ 년 ____ 월 ___ 일 화요일

오늘의 마음관리

● 주제

● 내용

오늘의 건강관리

●

●

약속&과제

●

●

오늘의 목표

실행 체크	우선 순위	내용

오늘의 활동

● 주변살피기&봉사활동

● 용돈 관리

● 기타

시간별 계획

시간	
03:00	
04:00	
05:00	
06:00	
07:00	
08:00	
09:00	
10:00	
11:00	
12:00	
13:00	
14:00	
15:00	
16:00	
17:00	
18:00	
19:00	
20:00	
21:00	
22:00	
23:00	
24:00	
01:00	
02:00	

_____ 년 ___ 월 ___ 일 수요일

오늘의 마음관리

● 주제

● 내용

오늘의 건강관리

●

●

약속&과제

●

●

오늘의 목표

실행 체크	우선 순위	내 용

오늘의 활동

● 주변살피기&봉사활동

● 용돈 관리

● 기타

시간별 계획

03:00	
04:00	
05:00	
06:00	
07:00	
08:00	
09:00	
10:00	
11:00	
12:00	
13:00	
14:00	
15:00	
16:00	
17:00	
18:00	
19:00	
20:00	
21:00	
22:00	
23:00	
24:00	
01:00	
02:00	

_____ 년 ____ 월 ____ 일 목요일

오늘의 마음관리

● 주제

● 내용

오늘의 건강관리

●

●

약속&과제

●

●

오늘의 목표

실행 체크	우선 순위	내 용

오늘의 활동

● 주변살피기&봉사활동

● 용돈 관리

● 기타

시간별 계획

시간	
03:00	
04:00	
05:00	
06:00	
07:00	
08:00	
09:00	
10:00	
11:00	
12:00	
13:00	
14:00	
15:00	
16:00	
17:00	
18:00	
19:00	
20:00	
21:00	
22:00	
23:00	
24:00	
01:00	
02:00	

_____ 년 ___ 월 ___ 일 금요일

오늘의 마음관리

● 주제

● 내용

오늘의 건강관리

●

●

약속&과제

●

●

오늘의 목표

실행 체크	우선 순위	내 용

오늘의 활동

● 주변살피기&봉사활동

● 용돈 관리

● 기타

시간별 계획

03:00	
04:00	
05:00	
06:00	
07:00	
08:00	
09:00	
10:00	
11:00	
12:00	
13:00	
14:00	
15:00	
16:00	
17:00	
18:00	
19:00	
20:00	
21:00	
22:00	
23:00	
24:00	
01:00	
02:00	

_____ 년 _____ 월 _____ 일 토요일

오늘의 마음관리

● 주제

● 내용

오늘의 건강관리

●

●

약속&과제

●

●

오늘의 목표

실행 체크	우선 순위	내 용

오늘의 활동

● 주변살피기&봉사활동

● 용돈 관리

● 기타

시간별 계획

시간	계획
03:00 —	
04:00 —	
05:00 —	
06:00 —	
07:00 —	
08:00 —	
09:00 —	
10:00 —	
11:00 —	
12:00 —	
13:00 —	
14:00 —	
15:00 —	
16:00 —	
17:00 —	
18:00 —	
19:00 —	
20:00 —	
21:00 —	
22:00 —	
23:00 —	
24:00 —	
01:00 —	
02:00 —	

_____ 년 _____ 월 _____ 일 일요일

오늘의 마음관리

● 주제

● 내용

오늘의 건강관리

●

●

약속&과제

●

●

오늘의 목표

실행 체크	우선 순위	내 용

오늘의 활동

● 주변살피기&봉사활동

● 용돈 관리

● 기타

시간별 계획

03:00	
04:00	
05:00	
06:00	
07:00	
08:00	
09:00	
10:00	
11:00	
12:00	
13:00	
14:00	
15:00	
16:00	
17:00	
18:00	
19:00	
20:00	
21:00	
22:00	
23:00	
24:00	
01:00	
02:00	

키 크는 운동과 성장체조*

▲ 도움이 되는 운동

줄넘기, 요가, 수영, 조깅, 스트레칭, 제자리 팔 벌려 뛰기, 사이드 스텝, 자전거 타기 등 성장판에 적당한 자극을 주는 운동.

▲ 금해야 할 운동

역도, 유도, 고강도 웨이트 트레이닝, 무거운 아령 들기 등 뼈에 심한 자극을 주는 운동.

▲ 도움이 되는 성장체조

어깨, 목, 허리, 무릎의 관절 돌리기
① 어깨→목→허리→무릎의 순서대로 관절 돌리기.
② 천천히 크게 좌우 각각 10회씩.

누워서 자전거 타기
① 위를 보고 바로 눕는다.
② 무릎을 구부려 다리를 직각으로 올린다.
③ 다리를 한쪽씩 번갈아 가며 자전거를 타듯 천천히 돌린다.
④ 50번씩 3~5회까지 실행.

무릎 구부렸다 기지개 펴기
① 위를 보고 바로 눕는다.
② 양손은 깍지를 끼고 무릎을 가슴 쪽으로 끌어당긴다.
③ 15초 유지(호흡은 자연스럽게).
④ 깍지를 낀 상태에서 손을 머리 위로 쭉 올리고 다리는 발 아래로 펴면서 기지개를 편다.
⑤ 15초 유지(호흡은 자연스럽게).
⑥ 3회 반복.

* 〈다니엘 건강관리법〉 186~188쪽 참조

● 다니엘 주간계획(년   월   일 ~   월   일)

지난주 돌아보기	이번주 핵심체크

주간 공부(핵심)목표

내 삶의 지도㉔ **"내가 꼭 가고 싶은 곳은?"**

-
-
-
-
-
-
-

●다니엘 주간체크(년   월   일 ~   월   일)

시간관리	월	화	수	목	금	토	일
자유시간							
공부계획							
실제공부							
성취도							
마음관리	월	화	수	목	금	토	일
공부관리	월	화	수	목	금	토	일
건강관리	월	화	수	목	금	토	일
스트레칭							
아침식사							

_____ 년 _____ 월 _____ 일 월요일

오늘의 마음관리

● 주제

● 내용

오늘의 건강관리

●

●

약속&과제

●

●

오늘의 목표

실행 체크	우선 순위	내 용

오늘의 활동

● 주변살피기&봉사활동

● 용돈 관리

● 기타

시간별 계획

시간	
03:00	
04:00	
05:00	
06:00	
07:00	
08:00	
09:00	
10:00	
11:00	
12:00	
13:00	
14:00	
15:00	
16:00	
17:00	
18:00	
19:00	
20:00	
21:00	
22:00	
23:00	
24:00	
01:00	
02:00	

_____ 년 _____ 월 _____ 일 화요일

오늘의 마음관리

● 주제

● 내용

오늘의 건강관리

●

●

약속&과제

●

●

오늘의 목표

실행 체크	우선 순위	내 용

오늘의 활동

● 주변살피기&봉사활동

● 용돈 관리

● 기타

시간별 계획

03:00 ―
04:00 ―
05:00 ―
06:00 ―
07:00 ―
08:00 ―
09:00 ―
10:00 ―
11:00 ―
12:00 ―
13:00 ―
14:00 ―
15:00 ―
16:00 ―
17:00 ―
18:00 ―
19:00 ―
20:00 ―
21:00 ―
22:00 ―
23:00 ―
24:00 ―
01:00 ―
02:00 ―

_____ 년 ___ 월 ___ 일 수요일

오늘의 마음관리

● 주제

● 내용

오늘의 건강관리

●

●

약속&과제

●

●

오늘의 목표

실행 체크	우선 순위	내 용

오늘의 활동

● 주변살피기&봉사활동

● 용돈 관리

● 기타

시간별 계획

시각	
03:00	
04:00	
05:00	
06:00	
07:00	
08:00	
09:00	
10:00	
11:00	
12:00	
13:00	
14:00	
15:00	
16:00	
17:00	
18:00	
19:00	
20:00	
21:00	
22:00	
23:00	
24:00	
01:00	
02:00	

_____ 년 ____ 월 ____ 일 목요일

오늘의 마음관리

● 주제

● 내용

오늘의 건강관리

●

●

약속&과제

●

●

오늘의 목표

실행 체크	우선 순위	내 용

오늘의 활동

● 주변살피기&봉사활동

● 용돈 관리

● 기타

시간별 계획

시간	
03:00	
04:00	
05:00	
06:00	
07:00	
08:00	
09:00	
10:00	
11:00	
12:00	
13:00	
14:00	
15:00	
16:00	
17:00	
18:00	
19:00	
20:00	
21:00	
22:00	
23:00	
24:00	
01:00	
02:00	

_____ 년 _____ 월 _____ 일 금요일

오늘의 마음관리

● 주제

● 내용

오늘의 건강관리

●

●

약속&과제

●

●

오늘의 목표

실행 체크	우선 순위	내 용

오늘의 활동

● 주변살피기&봉사활동

● 용돈 관리

● 기타

시간별 계획

시간	
03:00	
04:00	
05:00	
06:00	
07:00	
08:00	
09:00	
10:00	
11:00	
12:00	
13:00	
14:00	
15:00	
16:00	
17:00	
18:00	
19:00	
20:00	
21:00	
22:00	
23:00	
24:00	
01:00	
02:00	

_____ 년 _____ 월 _____ 일 토요일

오늘의 마음관리

● 주제

● 내용

오늘의 건강관리

●

●

약속&과제

●

●

오늘의 목표

실행 체크	우선 순위	내 용

오늘의 활동

● 주변살피기&봉사활동

● 용돈 관리

● 기타

시간별 계획	
03:00	
04:00	
05:00	
06:00	
07:00	
08:00	
09:00	
10:00	
11:00	
12:00	
13:00	
14:00	
15:00	
16:00	
17:00	
18:00	
19:00	
20:00	
21:00	
22:00	
23:00	
24:00	
01:00	
02:00	

_____ 년 _____ 월 _____ 일 일요일

오늘의 마음관리

● 주제

● 내용

오늘의 건강관리

●

●

약속&과제

●

●

오늘의 목표

실행 체크	우선 순위	내 용

오늘의 활동

● 주변살피기&봉사활동

● 용돈 관리

● 기타

시간별 계획

시간	
03:00	
04:00	
05:00	
06:00	
07:00	
08:00	
09:00	
10:00	
11:00	
12:00	
13:00	
14:00	
15:00	
16:00	
17:00	
18:00	
19:00	
20:00	
21:00	
22:00	
23:00	
24:00	
01:00	
02:00	

바퀴벌레 두 마리

바퀴벌레 두 마리가 각자 다른 식당으로 여행을 떠났습니다. A 바퀴벌레가 간 식당은 입맛 나게 하는 것들이 아주 많은 지저분한 식당이었습니다. 그런데 B 바퀴벌레가 간 식당은 밥알 하나 발견할 수 없는 무척이나 깨끗한 식당이었습니다. B 바퀴벌레는 잽싸게 A 바퀴벌레가 있는 식당으로 갔습니다. 그러고는 헐떡거리며 말했습니다.

"얘, 지금 내가 갔다 온 식당이 어떤 곳인 줄 아니? 정말 기가 막히게 깨끗한 곳이야. 파리가 미끄러질 정도라구."

그러자 맛있게 식사를 하고 있던 A 바퀴벌레가 불쾌한 듯 말했습니다.

"야, 너는 내가 먹고 있을 때 꼭 그런 얘기를 해야겠니? 밥맛 없게!"

이 이야기는 우리의 내면세계에 적용해 볼 만한 가치가 있습니다. 게으름, 부정적 생각, 자포자기, 그리고 삼만이 브라더스(거만, 교만, 자만)는 여기저기 여행하면서 쉴 곳을 찾습니다. 만약 우리 내면세계의 질서가 바로잡히지 않고 지저분한 상태로 있다면 '얼씨구나' 하면서 그놈들은 우리 마음속에 짐을 다 풀고 살 집을 마련합니다. 하지만 우리 내면세계가 깨끗하고 질서가 잘 잡혀 있으면 살 만한 곳이 못 된다고 푸념하며 다른 곳으로 이동하게 됩니다.

사랑하는 귀한 여러분, 매일 매일의 마음관리 시간을 통하여 내면의 질서를 더욱 새롭게 정리하고 내면의 정원을 더욱 아름답고 깨끗하게 잘 가꿔 나가시기를 인생의 선배로서 간곡히 부탁드립니다. 이번 한 주도 희망 안에서 모두들 힘내세요. •^^•

● 느낀점

● 결단

● 다니엘 주간계획(년 월 일~ 월 일)

지난주 돌아보기	이번주 핵심체크

주간 공부(핵심)목표

내 삶의 지도㉕ **"가장 감명깊게 읽은 책은?"**

-
-
-
-
-
-
-

● 다니엘 주간체크(년   월   일 ~   월   일)

시간관리	월	화	수	목	금	토	일
자유시간							
공부계획							
실제공부							
성취도							

마음관리	월	화	수	목	금	토	일

공부관리	월	화	수	목	금	토	일

건강관리	월	화	수	목	금	토	일
스트레칭							
아침식사							

_____ 년 ___ 월 ___ 일 월요일

오늘의 마음관리

● 주제

● 내용

오늘의 건강관리

●

●

약속&과제

●

●

오늘의 목표

실행 체크	우선 순위	내 용

오늘의 활동

● 주변살피기&봉사활동

● 용돈 관리

● 기타

시간별 계획

03:00	
04:00	
05:00	
06:00	
07:00	
08:00	
09:00	
10:00	
11:00	
12:00	
13:00	
14:00	
15:00	
16:00	
17:00	
18:00	
19:00	
20:00	
21:00	
22:00	
23:00	
24:00	
01:00	
02:00	

_____ 년 ___ 월 ___ 일 화요일

오늘의 마음관리

● 주제

● 내용

오늘의 건강관리

●

●

약속&과제

●

●

오늘의 목표

실행 체크	우선 순위	내 용

오늘의 활동

● 주변살피기&봉사활동

● 용돈 관리

● 기타

시간별 계획

03:00	
04:00	
05:00	
06:00	
07:00	
08:00	
09:00	
10:00	
11:00	
12:00	
13:00	
14:00	
15:00	
16:00	
17:00	
18:00	
19:00	
20:00	
21:00	
22:00	
23:00	
24:00	
01:00	
02:00	

_____ 년 ___ 월 ___ 일 수요일

오늘의 마음관리

● 주제
....
● 내용
....

오늘의 건강관리

●
....
●
....

약속&과제

●
....
●
....

오늘의 목표

실행 체크	우선 순위	내 용

오늘의 활동

● 주변살피기&봉사활동
....
● 용돈 관리
....
● 기타
....

시간별 계획

시간	
03:00 —	
04:00 —	
05:00 —	
06:00 —	
07:00 —	
08:00 —	
09:00 —	
10:00 —	
11:00 —	
12:00 —	
13:00 —	
14:00 —	
15:00 —	
16:00 —	
17:00 —	
18:00 —	
19:00 —	
20:00 —	
21:00 —	
22:00 —	
23:00 —	
24:00 —	
01:00 —	
02:00 —	

_____년 ___월 ___일 목요일

오늘의 마음관리

● 주제

● 내용

오늘의 건강관리

●

●

약속&과제

●

●

오늘의 목표

실행 체크	우선 순위	내 용

오늘의 활동

● 주변살피기&봉사활동

● 용돈 관리

● 기타

03:00
04:00
05:00
06:00
07:00
08:00
09:00
10:00
11:00
12:00
13:00
14:00
15:00
16:00
17:00
18:00
19:00
20:00
21:00
22:00
23:00
24:00
01:00
02:00

_____ 년 _____ 월 _____ 일 금요일

시간별 계획

오늘의 마음관리

● 주제

● 내용

오늘의 건강관리

●

●

약속&과제

●

●

오늘의 목표

실행 체크	우선 순위	내 용

오늘의 활동

● 주변살피기&봉사활동

● 용돈 관리

● 기타

03:00	
04:00	
05:00	
06:00	
07:00	
08:00	
09:00	
10:00	
11:00	
12:00	
13:00	
14:00	
15:00	
16:00	
17:00	
18:00	
19:00	
20:00	
21:00	
22:00	
23:00	
24:00	
01:00	
02:00	

_____ 년 ___ 월 ___ 일 토요일

오늘의 마음관리

● 주제

● 내용

오늘의 건강관리

●

●

약속&과제

●

●

오늘의 목표

실행 체크	우선 순위	내 용
		.
		.

오늘의 활동

● 주변살피기&봉사활동

● 용돈 관리

● 기타

시간별 계획	
03:00	
04:00	
05:00	
06:00	
07:00	
08:00	
09:00	
10:00	
11:00	
12:00	
13:00	
14:00	
15:00	
16:00	
17:00	
18:00	
19:00	
20:00	
21:00	
22:00	
23:00	
24:00	
01:00	
02:00	

_____ 년 _____ 월 _____ 일 일요일

오늘의 마음관리

● 주제

● 내용

오늘의 건강관리

●

●

약속&과제

●

●

오늘의 목표

실행 체크	우선 순위	내 용

오늘의 활동

● 주변살피기&봉사활동

● 용돈 관리

● 기타

03:00	
04:00	
05:00	
06:00	
07:00	
08:00	
09:00	
10:00	
11:00	
12:00	
13:00	
14:00	
15:00	
16:00	
17:00	
18:00	
19:00	
20:00	
21:00	
22:00	
23:00	
24:00	
01:00	
02:00	

실패를 성공으로 전환하는 세 가지 방법

위대한 발명가 찰스 케터링(Charles Kettering)은 실패를 성공으로 전환시키는 데 필요한 다음과 같은 충고를 했습니다.

첫째, 정직하게 실패를 인정하십시오.

둘째, 실패를 이용하십시오. 절대로 실패를 낭비하지 마십시오. 실패에서 얻을 수 있는 모든 것을 배우십시오.

셋째, 실패를 '이제 더 이상 아무것도 하지 않겠노라'고 결심하는 계기로 삼지 마십시오.

실패는 누구에게나 찾아옵니다. 실패를 반가운 손님을 맞이하듯 대우하시기 바랍니다.

사랑하는 귀한 여러분, 이 세 가지 충고를 마음에 꼭 새기십시오. 마음에 새기고, 목에 걸고, 손에 매달고, 머리에 쓰고 다니십시오. 여러분에게 실패란 또 다른 형태의 성공입니다. 여러분에게는 큰 꿈과 희망이 있습니다. 아무리 비가 오고 바람이 불어도 구름 너머에는 언제나 태양이 환하게 빛나고 있답니다. 아직 포기하고 낙심할 때가 아닙니다. 여러분의 꿈을 바라보고 더욱 뜻을 새롭게 하여 다시금 용기를 내어 오늘부터 새롭게 시작하십시오. 부디 어떤 종류의 실패라도 그것을 성공으로 바라볼 수 있는 지혜가 늘 여러분에게 있기를 바랍니다. 이번 한 주도 모두들 힘내세요. 파이팅 •^^•

● 느낀점

● 결단

● 다니엘 주간계획(년   월   일 ~   월   일)

지난주 돌아보기	이번주 핵심체크

주간 공부(핵심)목표

내 삶의 지도㉖ "가장 감명깊게 본 영화는?"

-
-
-
-
-
-
-

●다니엘 주간체크(　　　년　월　일 ~ 　월　일)

시간관리	월	화	수	목	금	토	일
자유시간							
공부계획							
실제공부							
성취도							
마음관리	월	화	수	목	금	토	일
공부관리	월	화	수	목	금	토	일
건강관리	월	화	수	목	금	토	일
스트레칭							
아침식사							

_____ 년 _____ 월 _____ 일 월요일

시간별 계획

오늘의 마음관리

● 주제

● 내용

오늘의 건강관리

●

●

약속&과제

●

●

오늘의 목표

실행 체크	우선 순위	내 용

오늘의 활동

● 주변살피기&봉사활동

● 용돈 관리

● 기타

시간	
03:00	
04:00	
05:00	
06:00	
07:00	
08:00	
09:00	
10:00	
11:00	
12:00	
13:00	
14:00	
15:00	
16:00	
17:00	
18:00	
19:00	
20:00	
21:00	
22:00	
23:00	
24:00	
01:00	
02:00	

_____ 년 _____ 월 _____ 일 화요일

오늘의 마음관리

● 주제

● 내용

오늘의 건강관리

●

●

약속&과제

●

●

오늘의 목표

실행 체크	우선 순위	내 용

오늘의 활동

● 주변살피기&봉사활동

● 용돈 관리

● 기타

시간별 계획	
03:00 —	
04:00 —	
05:00 —	
06:00 —	
07:00 —	
08:00 —	
09:00 —	
10:00 —	
11:00 —	
12:00 —	
13:00 —	
14:00 —	
15:00 —	
16:00 —	
17:00 —	
18:00 —	
19:00 —	
20:00 —	
21:00 —	
22:00 —	
23:00 —	
24:00 —	
01:00 —	
02:00 —	

_____ 년 ___ 월 ___ 일 수요일

시간별 계획

오늘의 마음관리

● 주제
....

● 내용
....

오늘의 건강관리

●
....

●
....

약속&과제

●
....

●
....

오늘의 목표

실행 체크	우선 순위	내 용

오늘의 활동

● 주변살피기&봉사활동
....

● 용돈 관리
....

● 기타
....

| 03:00 — |
| 04:00 — |
| 05:00 — |
| 06:00 — |
| 07:00 — |
| 08:00 — |
| 09:00 — |
| 10:00 — |
| 11:00 — |
| 12:00 — |
| 13:00 — |
| 14:00 — |
| 15:00 — |
| 16:00 — |
| 17:00 — |
| 18:00 — |
| 19:00 — |
| 20:00 — |
| 21:00 — |
| 22:00 — |
| 23:00 — |
| 24:00 — |
| 01:00 — |
| 02:00 — |

_____ 년 ___ 월 ___ 일 목요일

오늘의 마음관리

● 주제

● 내용

오늘의 건강관리

●

●

약속&과제

●

●

오늘의 목표

실행 체크	우선 순위	내 용

오늘의 활동

● 주변살피기&봉사활동

● 용돈 관리

● 기타

시간별 계획

시간	
03:00	
04:00	
05:00	
06:00	
07:00	
08:00	
09:00	
10:00	
11:00	
12:00	
13:00	
14:00	
15:00	
16:00	
17:00	
18:00	
19:00	
20:00	
21:00	
22:00	
23:00	
24:00	
01:00	
02:00	

_____ 년 _____ 월 _____ 일 금요일

오늘의 마음관리

● 주제

● 내용

오늘의 건강관리

●

●

약속&과제

●

●

오늘의 목표

실행 체크	우선 순위	내 용

오늘의 활동

● 주변살피기&봉사활동

● 용돈 관리

● 기타

시간	
03:00	
04:00	
05:00	
06:00	
07:00	
08:00	
09:00	
10:00	
11:00	
12:00	
13:00	
14:00	
15:00	
16:00	
17:00	
18:00	
19:00	
20:00	
21:00	
22:00	
23:00	
24:00	
01:00	
02:00	

_____년 ___월 ___일 토요일

시간별 계획

03:00	
04:00	
05:00	
06:00	
07:00	
08:00	
09:00	
10:00	
11:00	
12:00	
13:00	
14:00	
15:00	
16:00	
17:00	
18:00	
19:00	
20:00	
21:00	
22:00	
23:00	
24:00	
01:00	
02:00	

오늘의 마음관리

● 주제

● 내용

오늘의 건강관리

●

●

약속&과제

●

●

오늘의 목표

실행 체크	우선 순위	내 용

오늘의 활동

● 주변살피기&봉사활동

● 용돈 관리

● 기타

_____ 년 _____ 월 _____ 일 일요일

오늘의 마음관리

● 주제

● 내용

오늘의 건강관리

●

●

약속&과제

●

●

오늘의 목표

실행 체크	우선 순위	내 용

오늘의 활동

● 주변살피기&봉사활동

● 용돈 관리

● 기타

시간별 계획

시간	
03:00	
04:00	
05:00	
06:00	
07:00	
08:00	
09:00	
10:00	
11:00	
12:00	
13:00	
14:00	
15:00	
16:00	
17:00	
18:00	
19:00	
20:00	
21:00	
22:00	
23:00	
24:00	
01:00	
02:00	

기적은 반드시 일어난다 (21살 강현지)

"선생님, 3초과 7미만에 3이 포함되나요...?"
나의 수학 실력을 테스트할 때 김동환 선생님께 학원에서 던졌던 첫 질문이다. 중1 문제도 어려워 초등학교 6학년 시험지를 풀었던 기억이 아직도 생생하다. 나는 중학교 1학년부터 다시 시작하기로 했고 아기가 걸음마 배우듯 한 걸음 한 걸음 차근차근 걸어 나가기 시작했다. 중1, 중2, 중3, 고1, 고2, 고3... 진짜 문제가 너무 어려워서 죽을 것만 같았다. 그때마다 김동환 선생님께서 가르쳐 주신 대로 다니엘 마음관리를 통해 나는 다시 일어설 수 있었다.
'다니엘 학습법'의 능력의 비결인 '마음관리'가 나를 붙잡아 준 것이다. 무엇보다도 다니엘 학습법은 머리보다 먼저 마음을 준비하고 시작하기 때문에 가장 강력한 힘의 근원인 '마음의 힘'이 버팀목이 되어 끝까지 나를 지탱해 준다. 그렇게 수학을 못했던 내가 지금은 수학을 못하는 학생들에게 수학을 가르쳐 주는 입장이 되었다.
이제 김동환 선생님의 가르침을 배운 지 2년이 다 되어 간다. 현재 나는 21살이고 지금도 계속 공부하고 있다. 참 아쉬운 것은 나도 조금만 더 일찍 시작했더라면 더 좋았을 텐데... 하는 마음이다. 하지만 이전의 나를 생각해 보면 지금의 나는.... 그저 감격스러울 뿐이다. 부디 '다니엘 학습법' 앞에서 현재 실력으로 인해 좌절하지 않기를 바란다. 나는 초등학교 수준이었다. 그런 내가 지금은 큰 꿈과 비전을 향해 달려 나가고 있다. 현재의 성적에 좌절하지 말고 뜻을 정해 다니엘 학습법을 통해 새롭게 승부를 걸어 보기 바란다. 기적은 반드시 일어날 것이다.

● 느낀점

● 결단

메 모 노 트 ● ● ●

소중한 사람들 연락처

소중한 사람들

이름	전화	휴대전화
생일	이메일	

이름	전화	휴대전화
생일	이메일	

소중한 사람들

이름	전화	휴대전화
생일	이메일	

이름	전화	휴대전화
생일	이메일	

소중한 사람들

이름	전화	휴대전화
생일	이메일	

이름	전화	휴대전화
생일	이메일	

소중한 사람들

이름	전화	휴대전화
생일	이메일	

이름	전화	휴대전화
생일	이메일	

소중한 사람들

이름	전화	휴대전화
생일	이메일	

이름	전화	휴대전화
생일	이메일	

소중한 사람들

이름	전화	휴대전화
생일	이메일	

이름	전화	휴대전화
생일	이메일	

다니엘 아침형 Study Map

>> 책 보는 순서

1. 『어린이 다니엘 학습법』

우선 『어린이 다니엘 학습법』을 통해 사랑하는 자녀들이 왜 공부를 해야 하는지 구체적인 동기 부여와 마음의 결단을 할 수 있습니다.

2. 『다니엘 아침형 학습법』

『어린이 다니엘 학습법』을 통해 공부에 대한 선명한 동기 부여를 받고 새롭게 공부하기로 뜻을 정한 다음에는 『다니엘 아침형 학습법』을 통해 실질적으로 어떻게 공부할 것인지 구체적으로 배울 수 있습니다. 총 7단계의 단계별 학습 계획이 상세하게 나와 있어 부모님과 함께 아침을 깨우며 자기 주도형 다니엘 아침형 학습을 체계적으로 적용할 수 있습니다. 한 가지, 부모님과 함께 다니엘 마음관리 시간을 갖는 것이 다니엘 아침형 학습을 몸에 익히는 데 매우 효과적이라는 것을 잊지 마십시오.

3. 『다니엘 마음관리 365일』

다니엘 아침형 학습을 본격적으로 시작하면서 함께 보는 책입니다. 매일 아침 다니엘 마음관리 시간을 통해 규칙적인 마음관리를 하여 왜 공부해야 하는지에 대한 선명한 목적을 다시 확인하고, 지치거나 낙심될 때 다시금 마음을 북돋아 주어 마음에 더러운 찌꺼기들을 거르게 해 줍니다. 공부에 의욕이 많이 떨어지거나 뜻대로 공부가 잘되지 않을 때 학생들에게 꼭 필요한 마음의 보약이 되는 책입니다.

4. 『다니엘 학습 플래너』

매일 아침 다니엘 마음관리 시간을 이용하여 1시간 단위로 공부 계획을 구체적으로 세울 수 있는 플래너입니다. 하루 생활하는 동안 수시로 플래너를 보면서 시간 관리, 목표 관리, 학습 관리를 하는 동시에 자신이 계획한 목표대로 가고 있는지 점검하는 방향 관리까지 할 수 있는 만능 학습 플래너입니다.

5. 『다니엘 건강관리법』

다니엘 마음관리로 매일 영혼을 관리해 주고 『다니엘 건강관리법』을 통해 매일 규칙적인 신체 건강을 관리할 수 있습니다. 청소년 시절 건강관리를 잘못하면 아무리 공부를 열심히 하고자 해도 그 목표를 이루기가 어렵습니다. 청소년 시절 찾아오는 다양한 질병들에 어떻게 대처하고 효과적으로 치료하며 건강하게 학업에 임할 수 있는지에 대한 구체적인 건강관리 지침서입니다.

나. 초등학생(5~6학년)과 중·고등학생, 시험을 다시 준비하는 학생의 경우

》 책 보는 순서

1. 『다니엘 학습법』

『다니엘 학습법』을 통해 왜 공부를 해야 하는지 구체적인 동기 부여와 마음의 결단을 할 수 있습니다.(이미 초등학교 1~4학년에 『어린이 다니엘 학습법』을 본 학생들도 학년이 올라가 5학년 이상이 되면 『다니엘 학습법』을 보게 하는 것이 매우 좋습니다.)

2. 『다니엘 아침형 학습법』 ('가'의 내용 참조)

3. 『다니엘 3년 150주 주단위 내신관리 학습법』 (중학생편, 고등학생편)

『다니엘 아침형 학습법』과 병행하여 매주 어떻게 공부해야 하는지에 대해 중학교 3년간 150주, 고등학교 3년간 150주 총 6년의 스터디 맵을 담고 있습니다. 한 주 한 주 단위로 각 학년과 시기별 학습 계획이 자세히 나와 있어 주 단위의 정교한 학습 방법으로 실력을 업그레이드할 수 있습니다.

4. 『다니엘 마음관리 365일』, 『다니엘 건강관리법』, 『다니엘 학습 플래너』

('가'의 내용 참조)

다. 학부모님의 경우

1. 우선 『다니엘 자녀교육법』을 봅니다. 『다니엘 자녀교육법』에는 김동환 선생님의 어머니가 어려서부터 어떻게 선생님을 양육했는지에 대한 상세한 방법들이 담겨 있습니다. 김동환 선생님 어머니의 구체적인 자녀 양육 원리와 학습 원리들을 그대로 담고 있습니다. 어떻게 자녀를 양육해야 할지 고민하는 학부모님들이 자녀들을 양육하기 전에 먼저 보아야 할 책입니다.

2. 『다니엘 자녀교육법』을 다 본 다음 위에 설명한 대로, 자녀의 나이에 맞는 책을 준비하셔서 꼭 자녀와 함께 읽어야 합니다. 아이에게 주기 전에 가급적 부모가 먼저 읽은 다음 자녀에게 권하는 방법이 매우 효과적입니다.

다니엘 리더스 스쿨에
크리스천 청소년들을 초대합니다.

안녕하세요? 『다니엘 학습법』의 저자 김동환입니다.
5년간 준비해 온 아주 특별하고 기쁜 소식을 전해 드리게 되어
하나님께 감사드립니다.

순교자의 신앙과 자기 분야 최고의 실력, 그리고 따뜻한 인격을
겸비한 21세기 다니엘과 같은 하나님의 준비된 일꾼을 양성하기 위해
'다니엘 리더스 스쿨'이 하나님 은혜로 세워져서 신입생을 모집합니다.
그동안 '다니엘 학습'을 실천하고자 했으나 혼자 하기 버거워 중도에
포기한 학생들이 있었습니다. 이제 다니엘 리더스 스쿨에서는 학생들이
전원 기숙 생활을 하며 매일 새벽 4시 30분 저의 설교로 새벽예배를
시작하여 '다니엘 아침형 학습'을 저에게 직접 배우며 실천합니다. 하루
세 번의 예배를 통해 철저한 기독교 신앙으로 무장하며, 학생 개인의
실력과 진도에 따라서 학습자 중심으로 교육이 이루어지는 곳이 바로
다니엘 리더스 스쿨입니다.
저는 다니엘 리더스 스쿨에서 영어, 국어 교사와 교목으로 일하며
학생들과 매일매일 행복하게 교학상장 합니다. 다니엘 리더스 스쿨은
세계에서 신본주의 학습자 중심의 질적 교육이 가장 잘 이루어지는
것을 목표로, 학생 한 명 한 명에게 딱 맞는 학습 체제를 구축합니다.
이를 위해 저는 서울대 사범대학 교육학과 박사 과정에서 공부하며
학생들을 가르치고 있습니다. 더 준비된 하나님의 일꾼이 되고자, 더
준비된 선생님이 되고자, 세계 최고의 크리스천 인재를 양성하는
학교를 만들고자 부단히 공부한 것을 학생들에게 가르치며 학생들에게
배웁니다.

다니엘 리더스 스쿨은 공부를 왜 해야 하는지를 분명하게 가르치고,
매일매일 하나님 안에서 행복하고 치열하게 공부하는 곳입니다.
다니엘 리더스 스쿨은 나를 위해 몸 바쳐 피 흘려 생명을 주신
주님을 위해 생명 바쳐 공부하는 곳입니다.
다니엘 리더스 스쿨은 평생학습 공동체이자 신앙 공동체이자 가족

공동체입니다.

다니엘 리더스 스쿨은 학생을 살리는 곳입니다.

다니엘 리더스 스쿨은 주님 앞에 한없이 부족한 죄인이지만 나 같은 죄인을 위해 몸 바쳐 피 흘려 생명 주신 주님의 은혜에 감사하여 21세기 다니엘을 양성하기 위해 제가 생명 바쳐 일하는 곳입니다.

다니엘 리더스 스쿨 학생들은 매일 새벽기도를 마친 뒤 힘차게 저와 구호를 외치고 수학 공부를 시작합니다.

"오늘도 생명 바쳐 주님 위해 죽도록 공부하자!

오늘도 하나님께 효도하자! 부모님께 효도하자!

21세기 다니엘이 되자!

오늘도 하나님 안에서 행복하고 즐겁고 치열하게 공부하자!"

귀한 믿음의 후배 여러분, 그리고 학부모님! 아직 늦지 않았습니다. 하나님 자녀에게는 하나님 자녀에 맞는 신본주의 학습 원리가 있습니다. 이것을 지키지 않으면 돈은 돈대로 들고 성적은 성적대로 나오지 않고 아이들의 영혼은 죽습니다. 하나님 안에서 하나님의 방법으로 역전과 승리의 기회를 잡으십시오.

현재 성적이 최상위권이든 최하위권이든, 다니엘처럼 뜻을 정해 철저하게 하나님의 방식을 배우고 몸에 익혀 다니엘급 믿음의 인재가 되고자 하는 학생들을 찾고 있습니다.

늦었다고 포기하려 했던 학생들, 공부는 잘하지만 세상 방식에 젖어 믿음이 없는 학생들, 삭막한 인본주의 성적지상주의 교육체제 속에서 하나님이 주시는 비전을 포기한 채 무기력하게 시간을 흘려보내는 수많은 믿음의 학생들이 하나님 안에서 새롭게 꿈과 신앙과 실력을 회복할 수 있기를 소망합니다.

자녀를 21세기 다니엘로 교육시키고 싶으신 분들의 관심을 부탁드립니다.

이 사역을 위해 머리 숙여 기도 부탁드립니다.

김동환 드림

다니엘 리더스 스쿨

문의전화 02-3394-4033, 02-3394-4037
홈페이지 www.dls21.net

김동환

"다니엘 학습법"의 저자로 널리 알려져 있는 김동환 선생님은 2000년 서울대학교를 수석 졸업하였습니다(4년간 평균점수 99.26 취득). 2003년 제1회 촛불상을 수상하였으며, 대표저서로 "다니엘 학습법", "다니엘 아침형 학습법", "다니엘 마음관리 365일", "다니엘 건강관리법", "다니엘 3년 150주 주단위 내신관리 학습법" 등이 있습니다. 현재 다니엘 리더스 스쿨(www.dls21.net)에서 다니엘 아침형 학습법을 널리 학생들에게 전수하여 따뜻한 마음과 탁월한 실력을 겸비한 21세기 진정한 리더를 양성하고 있습니다.

홈페이지 www.ilovehope.net

고즈윈은 좋은책을 읽는 독자를 섬깁니다.
당신을 닮은 좋은책—고즈윈

다니엘 학습 플래너

개정판 1쇄 발행 | 2008. 12. 10.
개정판 8쇄 발행 | 2013. 7. 26.

저작권자 ⓒ 2008 김동환

발행처 | 고즈윈
발행인 | 고세규
신고번호 | 제313-2004-00095호
신고일자 | 2004. 4. 21.
(121-896) 서울특별시 마포구 동교로13길 34 (서교동 474-13)
전화 02)325-5676 팩시밀리 02)333-5980
본문 일러스트 · 최승협
www.godswin.com bjbooks@naver.com

값 13,000원
ISBN 978-89-92975-01-8

고즈윈은 항상 책을 읽는 독자의 기쁨을 생각합니다.
고즈윈은 좋은책이 독자에게 행복을 전한다고 믿습니다.